Comment rendre une nation puissante

Nicodème Sako

Comment rendre une nation puissante

Stratégies pour le pouvoir des Nations

© 2009, Nicodème Sako
Edition : Books on Demand GmbH, 12/14 rond-point des Champs Elysées, 75008 Paris
Impression : Books on Demand GmbH, Norderstedt, Allemagne
ISBN : 978-2-8106-1104-1
Dépôt légal : novembre 2009

Introduction

Tout pays qui veut être puissant recherche
la paix et le développement. C'est raisonnable,
car sans paix il n'y a certainement pas de
développement, et sans développement, pas
de prospérité.

La paix est nécessaire, car elle consolide
l'unité et la cohésion sociale. Elle pénètre en
profondeur et donne à l'âme quiétude et calme.

Le développement apporte l'épanouissement à l'homme. Il le rend prospère. Le projet
de développement est sage lorsqu'il sert à l'humanité, c'est-à-dire quand il lui assure le repos
et la tranquillité. La paix et le développement
sont des notions très liées.

En écrivant ce livre, nous cherchons à
encourager la mobilisation de chaque nation
pour se développer en vue de servir la paix
de l'humanité. Quoi de plus normal que de
nous inspirer des Saintes Écritures pour bâtir
ces concepts et théories de développement en
politique, en économie, en éducation, et en
sécurité ?

Chapitre I : LA STRATÉGIE POLITIQUE

Le véritable discours politique a pour origine la sagesse, car c'est par la sagesse que l'on dirige. La sagesse est un bien précieux, un trésor. Elle réside en la connaissance et l'intelligence. Le rôle de la sagesse est d'apporter la puissance au peuple et aux hommes du peuple. La sagesse ne périt jamais.

L'instruction et l'éducation tirent leur origine de la sagesse qui amène au pouvoir. Le discours politique est donc un discours sage.

L'expérience vécue du leader permet à celui-ci de construire son discours sans difficulté.

Nous proposons ici la trame d'un discours politique tiré des Saintes Écritures[1]. Ce passage fait allusion à un berger qui dirige un troupeau, et nous montre les qualités de celui qui s'identifie à ce qu'il dit. Voici ses caractéristiques :

Un discours écrit

- au présent : le temps des faits réels
- à la première personne : le pronom : "je" implique la responsabilité de celui qui parle, le sujet fait l'action et montre de l'assurance et de la détermination

Un discours véridique

Un discours qui révèle

- le choix délibéré de la légalité de la justice, de la liberté.
- l'essence de la royauté
- la connaissance du peuple, et la maîtrise de ses mœurs
- l'esprit de sacrifice, du devoir, jusqu'à mourir pour une cause noble
- avec son programme, la prospérité qu'on promet au peuple.

Un discours qui attaque ouvertement

- ceux qui transgressent les normes
- celui qui ne connaît pas le peuple ou le pays

1 **Jean 10, 1 – 13**

- celui qui ne pourra pas défendre l'intérêt du pays,
  (en montrant à qui on livre le pays : à un inconnu,
  à un mercenaire).

Nous ne le dirons jamais assez : le discours politique est un discours sage. Aussi le politique est-il un sage. Le *Livre de la Sagesse* dans son chapitre 8 en fait l'apologie.

Apologie de la sagesse

« *Sagesse* 8 : Oui, la sagesse s'étend d'une extrémité de la terre à l'autre et partout elle établit de l'ordre. Je l'ai aimée et désirée dès ma jeunesse ; j'ai cherché à la prendre comme épouse, car j'étais amoureux de sa beauté. Le fait qu'elle soit auprès de Dieu fait ressortir sa noble origine : parce qu'elle est maîtresse de toutes choses, je l'ai aimée. Elle trouve son origine dans la connaissance de Dieu. Et c'est elle qui décide des œuvres réalisées.

Si la richesse est ce qu'on désire en ce monde, y a-t-il une richesse plus grande que la sagesse, réalisatrice universelle ? Et si l'intelligence est réalisatrice, qui donc parmi les vivants fait les choses mieux qu'elle ?

Aimez-vous la droiture ? Sachez que toutes les vertus sont les fruits de son labeur ; elle enseigne la prudence et l'intelligence, la justice et la vaillance : il n'y a rien dans la vie qui soit plus utile aux hommes.

Cherche-t-on des connaissances étendues ? La sagesse connaît les choses passées et prévoit l'avenir ; elle sait interpréter les discours et résoudre les énigmes, elle annonce d'avance les signes de la nature et les prodiges, la fin des âges et des temps. Voilà pourquoi j'ai décidé d'en faire la compagne de ma vie. Je savais qu'elle me conseillerait dans les temps heureux et me soutiendrait dans les soucis et les peines.

Grâce à la sagesse, me disais-je, je serai honoré par les foules et malgré ma jeunesse, respecté des anciens. On me reconnaîtra un jugement sage et pénétrant, et des puissants m'admireront.

Si je me tais, ils seront dans l'attente ; si je parle, ils seront attentifs ; même si mon discours se prolonge, ils resteront à m'écouter.

Grâce à la sagesse, j'obtiendrai l'immortalité et je laisserai un souvenir éternel à ceux qui viennent après moi.

Je gouvernerai les peuples et les nations me seront soumises. Des souverains redoutables prendront peur en entendant parler de moi ; je serai avec mes gens, courageux à la guerre.

De retour chez moi, je me reposerai auprès d'elle, car sa compagnie n'est pas amère ; vivre avec elle n'a rien de pénible, mais apporte au contraire joie et bonheur.

Voilà comment je raisonnais en moi-même. Je comprenais qu'on trouve la vie immortelle en s'unissant avec la sagesse, qu'on acquiert une joie supérieure grâce à son amitié, une richesse durable grâce à ses travaux, l'intelligence quand on s'exerce à l'entendre, et la renommée dans les entretiens avec elle. Je suis donc parti à sa recherche afin de la prendre chez moi.

J'étais de naissance un enfant bien doté, j'avais reçu en partage une âme bonne, j'étais venu dans un corps sans défauts. Mais j'avais saisi aussi que le seul moyen de posséder la sagesse était que Dieu me la donne, et c'était déjà un signe d'intelligence de l'avoir compris. C'est pourquoi je me suis tourné vers le Seigneur et je l'ai supplié de tout mon cœur afin de l'obtenir. »

LE DISCOURS POLITIQUE ET LA VIE D'UN POLITICIEN

La politique, comme l'indique le dictionnaire, est l'art ou la science de gouverner un État, l'art de conduire les affaires publiques. Elle est aussi, au sens figuré, une conduite calculée pour atteindre un objectif précis.

Nous ajouterons cette conception personnelle : l'art dans la politique, c'est user de tous les moyens pour déstabiliser son adversaire. C'est lui faire peur, c'est lui enlever son assurance, en bref, lui faire perdre tous ses moyens. En prenant une image, nous dirons que, comme dans un combat de boxe, c'est donner des coups de poings à des endroits précis de l'adversaire pour le déstabiliser, le mettre K.O. C'est agir psychologiquement sur l'adversaire pour le déséquilibrer. C'est faire peur à son adversaire.

Dans les Saintes Écritures, il est dit que c'est Dieu qui établit les rois. Ce fut le cas de Salomon. Pour gouverner l'État, ce politicien demanda la sagesse de Dieu.

La politique nécessite la sagesse mais elle-même est sagesse. La politique est une sagesse divine. Pour conduire une politique, il faut comprendre la sagesse divine. Qu'est-ce que la sagesse dans la politique ?

<u>La sagesse, c'est :</u>

- être capable de faire des plans et de savoir atteindre un but.
- travailler sans arrêt. La Sainte Bible dit de la fourmi qu'elle est sage car elle travaille sans arrêt et se fait en tout temps des provisions.
- de manière pratique, savoir être prudent comme la salamandre.
- suivre son intuition pour saisir le moment opportun. La sagesse est dans ce cas un mystère.
- engager des actions, mû par une foi qui prend des risques
- servir l'humanité, servir Dieu, servir l'amour. Il faut refuser par tous les moyens la sagesse qui ne sert pas à l'épanouissement de l'homme.
- aller à l'essentiel

<u>Les qualités d'un politicien</u>

Le politicien est assimilé, dans les Saintes Écritures à un berger, mais il est aussi un leader qui dirige un groupe politique.

Comment reconnaître un leader politique ou comment devenir un leader politique ?

Quels sont les critères pour devenir par exemple le Président d'une nation ?

Comment chaque individu peut-il reconnaître un leader politique ?

Comment déceler celui qui veut la prospérité ou le bien du peuple ?

Quelle est l'originalité d'un véritable discours politique ?

Comment reconnaître à travers le discours d'un leader qu'il semble être le mieux placé pour diriger le peuple?

Nous tenterons de répondre à ces questions de manière personnelle.

Prenons comme exemple celui qui veut être Président d'une nation.

Il cherche à venir au pouvoir dans les normes, il suit la voie légale.

Qu'est-ce qu'une norme?

Une norme est une loi à laquelle il faut se conformer. Ce sont les règles de droit et de justice en vigueur dans un pays. Ce sont évidemment les règles ou lois contenues dans la Constitution du pays. Celui qui veut briguer la magistrature suprême devra avoir une ligne de conduite conforme à la Constitution du pays. En la respectant, le politique démontre qu'il veut passer par la véritable porte.

Le politique ou le leader politique qui cherchera à violer la norme n'est absolument pas là pour le bien du peuple et deviendra plus tard un dictateur. Comme il n'a pas pris la voie légale, il changera les lois selon ses humeurs.

Le véritable leader politique cherche à diriger selon la Constitution, il ne change pas les lois selon ses états d'âme, sa personnalité ou sa popularité.

Un leader politique est un homme averti, un homme de terrain, à qui l'expérience donne une parfaite connaissance du pays. Il connaît ainsi la mentalité du peuple, ses différentes traditions selon les ethnies. En un mot, c'est un homme du peuple.

Il doit être le défenseur du peuple, prêt à tout affronter pour lui: il est capable donc de mourir pour ses idées, il est intrépide, courageux, homme de valeur, perspicace. Ce sont des qualités acquises dans la confrontation avec les circonstances de vie, pour comprendre et analyser les différentes situations dans lesquelles se trouve et se trouvera le peuple.

L'histoire du roi David est un exemple à suivre.

Après des années de fuite, pourchassé par Saül, il a acquis des vertus qui ont fait de lui le roi selon le cœur de Dieu. Un exemple tout près de nous est celui de Nelson Mandela que nous connaissons tous. Au cours de sa lutte contre l'apartheid, il a passé 27 ans de sa vie en prison pour une cause juste. Cet esprit de sacrifice a montré réellement qu'il aime son peuple et préfère mourir pour lui. Aguerri par ces souffrances, il a pu diriger l'Afrique du Sud un tant soit peu avec succès.

Le leader politique doit avoir un projet de prospérité pour son pays.

Qu'est-ce que la prospérité?

Une illustration tirée des Saintes Écritures nous permet de comprendre le terme « prospérité ». C'est une phrase utilisée par un célèbre leader, Jésus-Christ, qui disait: « Je suis venu pour qu'elles (les brebis) aient la vie, et la vie en abondance ».

La vie en abondance ou la prospérité, c'est arriver à donner plus qu'il ne faut au peuple de sorte qu'il ne lui manque rien.

Nous prenons une image encore: une maison où il y a de la nourriture en abondance est une maison où l'on se permet de jeter des aliments utiles dans la poubelle, car il en reste suffisamment pour les remplacer et même en donner aux voisins.

La prospérité c'est:
- faire briller l'étoile de son pays.
- procurer de l'influence à son pays
- avoir l'ascendant sur les autres
- faire de son pays un modèle, un exemple à suivre
- être capable de promulguer des lois qui permettent aux individus d'avoir plus de liberté, de liberté d'expression en particulier, et de manifester dans la vérité et la convivialité
- favoriser une éclosion économique.

Les grandes lignes d'un programme concret, expérimenté et vécu doivent avoir un but: la prospérité du pays.

Conduire un pays à la prospérité n'est pas chose facile; car cela crée des mécontents et des jaloux.

La sagesse dans la démarche politique ou politicienne consiste généralement selon nous en ces points :

- savoir placer ses pions au moment opportun
- savoir dévoiler au fur et à mesure ses intentions
- savoir être prudent
- semer la confusion chez l'adversaire
- chercher à prendre de l'avance sur l'adversaire
- demeurer un mystère pour les autres.

FONDEMENT DU LEADERSHIP

Dans cette étude, nous voulons aborder les qualités fondamentales d'un chef, d'un porte-parole.

Qu'est-ce qu'un leader ?

Selon le *Petit Robert*, un leader est un chef, un porte-parole. C'est celui qui dirige ou qui est chef d'un parti ou d'un mouvement politique.

Les qualités fondamentales d'un leader

La connaissance

La connaissance dans son sens objectif, c'est ce que l'on sait pour l'avoir appris. Cela concerne la culture, notre éducation, notre savoir.

La connaissance est très importante pour un leader, car elle donne l'autorité, la noblesse.

L'ignorance est un malheur, elle donne la force à l'adversaire.

La puissance physique ou armée sera toujours faible devant la connaissance.

Un leader doit avoir la connaissance des valeurs de son peuple et croire en leur pouvoir avant d'apprendre celles d'autres peuples.

L'une des conseillères de Shaka Zulu, ce grand leader, lui avait recommandé :

« Ne cherche pas les pouvoirs qui ne viennent pas des ancêtres, sinon ils vont te détruire ». Mais Shaka, émerveillé par la connaissance des Anglais, abandonna les siennes. Son royaume fut divisé et détruit. Les pays sont pauvres parce qu'il leur manque la connaissance.

Nous avons deux types de connaissance.

La connaissance intellectuelle

C'est ce que l'on apprend, ce qui concerne le savoir, la culture, l'éducation.

La connaissance spirituelle ou l'intuition

C'est la connaissance qui nous vient de l'esprit. C'est la capacité de saisir les choses de l'esprit ou d'avoir, comme on le dit souvent, un sixième sens.

C'est l'inspiration.

La connaissance intuitive doit nous permettre de prendre des risques.

La Foi

Nous retiendrons cette définition de la Foi, donnée par les Saintes Écritures : « la ferme assurance des choses qu'on espère ».

Un leader doit avoir de l'assurance par rapport à ses connaissances et prendre des risques, surtout par la connaissance intuitive.

Cela va nécessiter courage, ténacité et fermeté. Il devra s'attendre à des périodes de solitude : il devra braver ses amis et ses proches.

La noblesse

La noblesse s'acquiert lorsqu'on a des qualités supérieures aux autres. La connaissance supérieure donne la noblesse. Celle-ci est encore plus grande lorsque notre intuition se réalise. C'est à ce moment-là que le leader est admiré.

Conclusion

> Nous pensons qu'il y a trois types de personnes :
> 1 Le vainqueur : c'est celui qui gagne
> 2 Le faible : c'est celui qui se noie, qui n'arrive pas à surmonter les obstacles.
> 3 Le meilleur : c'est celui qui ne renonce jamais. Pour lui, le repos, c'est d'avoir obtenu tout ce qu'il voulait.
> Un leader annoncé par la Torah, appelé Al Masih dans le Saint Coran, a dit ceci dans la Sainte Bible : « *Tout est possible à celui qui croit*[1] »
> Dans les lignes qui suivent, nous allons relater l'expérience de quelques leaders de la Sainte Bible.

DAVID L'HOMME SAINT DE DIEU

1 Sam. 16 : 1-13 « Yahvé dit à Samuel : Combien de temps pleureras-tu Saül ? N'est-ce pas moi qui l'ai rejeté pour qu'il ne règne plus sur Israël ? Emplis donc d'huile ta corne et va. Je t'envoie vers Jessé de Bethléem, car je me suis choisi un roi parmi ses fils... Tu inviteras Jessé au sacrifice et moi, je ferai savoir ce que tu dois faire : tu me consacreras celui que je te montrerai.

Samuel fit comme Yahvé l'avait dit.

Lorsque Samuel aperçut Eliab, il se dit : Voilà sûrement devant Yahvé celui qu'il va consacrer. Mais Yahvé dit : Oublie sa belle apparence et sa haute taille, je l'ai écarté. Car Dieu ne voit pas les choses de la même façon que les hommes. L'homme s'arrête aux apparences mais Dieu regarde au cœur. Finalement Jessé fit passer les sept fils devant Samuel, car Samuel disait à Jessé : « Yahvé n'a choisi aucun de ceux-là ».

Alors Samuel dit à Jessé : Ce sont donc là tous tes garçons ? Il répondit : Il y a encore le plus jeune, il garde le troupeau. Samuel dit à Jessé : Fais-le chercher, car nous ne nous mettrons pas

---

1 *Marc* **9:23**

à table avant qu'il ne soit ici. On partit le chercher et il arriva : il était roux avec de beaux yeux et une belle apparence. C'est alors que Yahvé dit : Lève-toi, consacre-le ; c'est lui. Samuel prit donc sa corne d'huile et le consacra au milieu de ses frères. Dès lors et pour la suite des jours, l'esprit de Yahvé s'empara de David. »

Dans la Sainte Bible, il y avait des saints hommes qui s'occupaient des affaires de l'État en Israël : c'étaient des prophètes (ce qui correspondrait peut-être aujourd'hui aux aumôniers). Ils donnaient la pensée de Dieu dans les affaires publiques en Israël. Samuel était l'un d'eux. Sa mission : trouver le futur roi d'Israël parmi les fils de Jessé. Ce devin (ou voyant) de Dieu voulut choisir Eliab le fils aîné à cause de sa haute taille et sa belle apparence, mais il fut repris par Dieu qui lui enseigna qu'il regardait au cœur. Finalement, ce fut le très jeune David que le prophète consacra comme roi au milieu de ses frères en l'oignant d'huile sainte. Dès lors l'esprit de Dieu entra en lui.

Pourquoi David a-t-il été choisi ? À cause de son cœur. Son cœur était certainement bon, humble et dévoué aux choses justes et vraies. C'est pour cette raison que Dieu qui ne se trompe pas, l'a choisi pour être le leader de son peuple.

Le véritable visage de David, son apparence cachée, était son cœur. Nous, les citoyens qui voulons porter un leader devant notre peuple, ne devons pas nous arrêter à sa dignité, sa fortune ou son discours charismatique, mais discerner les motivations de son cœur. Comme Samuel, beaucoup d'astrologues, devins, marabouts, féticheurs, pasteurs annoncent à certains hommes politiques qu'ils ont été choisis pour être députés ou présidents. Ces derniers utilisent donc tous les moyens (coup d'État compris) pour arriver au pouvoir. Bien entendu, si c'est Dieu qui leur a annoncé cette bonne nouvelle, c'est certainement pour eux le diable qui veut les empêcher !

Que fit David après ce choix divin ?

Il était désormais différent de ses propres frères à cause de l'esprit de Dieu qui était en lui. C'est à ce moment que commencèrent les épreuves de David. Il dut laisser ses chères brebis pour jouer de la cithare afin de ranimer le roi. Ne pouvait-il pas, à ce moment-là, commettre un assassinat et dire ainsi à tout le monde de consulter Samuel le prophète pour que chacun sût qu'il était désormais le roi ? Non, bien au contraire, il était humblement au service du roi, sachant que tout ce que Dieu a prononcé, il peut l'accomplir, donc point de précipitation.

La popularité de David déplut au roi qui sentait la royauté lui échapper, à lui et à sa descendance. On entreprit dans le royaume de poursuivre et de tuer David. Celui-ci était obligé de se cacher dans des cavernes, des forteresses, des caves, il se passait de nourriture, déjouait les coups de certains hypocrites, restait souvent éveillé des nuits entières et il traversa ainsi toutes sortes d'épreuves. Mais les grandes épreuves forment les grands hommes.

Elles ont forgé David, un véritable leader au caractère aguerri par les circonstances de la vie.

Un jour, l'on prévint Saül que David avait trouvé refuge dans la grotte d'Engadi. Saül prit trois mille hommes pour aller à sa recherche. Arrivé au parc à brebis, Saül entra sans le savoir dans la grotte où se cachaient David et ses compagnons pour satisfaire leurs besoins. Il était à la merci de David, que les siens poussaient à le tuer, car c'était là une excellente occasion.

Lisons ensemble la réponse de David et ce qu'il fit. David dit : « Oh non ! Par Dieu, je ne porterai pas la main sur lui ! Je ne peux faire cela à mon seigneur, l'élu de Yahvé[1] » et par ses paroles, David empêcha ses hommes de se jeter sur Saül. Il se leva et coupa en cachette un pan du manteau de Saül. Du haut d'une colline, il s'adressa ensuite à lui : « Pourquoi écoutes-tu ceux qui te disent que je cherche ta perte ? Regarde, mon père, le pan de ton manteau qui est dans ma main[2] ».

Le seul sentiment que je ressentis en lisant ce passage se résumait en cette question : qu'aurais-je fait à la place de David ?

À l'annonce de la mort du roi Saül et des ses héritiers potentiels, David ne sauta pas de joie et ne pleura pas non plus par hypocrisie. Il déchira ses vêtements et avec ses compagnons, pleura

---

1 **1 Sam 24:7**
2 **1 Sam 24:10, 12**

et jeûna pour Saül et ses fils. Le jeune homme qui avait annoncé la nouvelle, prétendait avoir tué Saül sur son ordre, ce qui était évidemment faux. Alors David ordonna qu'on le tuât car il avait osé frapper à mort l'Oint de Dieu, c'est-à-dire Saül. David avait appris à se soumettre aux autorités, car pour lui, c'est Dieu qui les a établies, seul Dieu peut décider de leur sort.

Après ces événements, les hommes de Juda et les armées d'Israël vinrent consacrer David comme roi à Hébron. Il n'avait que trente ans et régna quarante ans.

Tragédies dans la famille du roi

Celui qui n'arrive pas à diriger sa propre famille ne peut pas être un puissant leader politique, car il ne pourra pas non plus conduire son pays. Il y a eu de véritables problèmes dans la famille du roi David, des tragédies qui ont marqué le cœur du roi.

Son premier fils, Amnon, viola sa propre sœur, Tamar dont il tomba amoureux. En apprenant cela, David fut très en colère. Il se calma ensuite car il avait eu une grande vision. Il savait qu'Amnon était l'héritier potentiel, et qu'il fallait régler ce problème avec beaucoup de sagesse. Il fallait maintenir le futur héritier pour lui apprendre à régner. Mais le frère de Tamar, Absalom (ils avaient la même mère) n'arriva pas à pardonner à son frère, il lui garda rancune pendant deux années et chercha à le tuer pour venger sa sœur violée, il y parvint puis s'enfuit loin de son père. David apprit cela et mena deuil pour son fils Amnon pendant plusieurs jours. Mais consolé, il languissait d'aller voir son fils Absalom.

En effet, Absalom, qui avait assassiné son frère, était pourtant désormais l'héritier de David. Il était en fuite depuis trois ans, et David avait le souci de le ramener au palais. Il fallait surmonter cet assassinat pour assurer la pérennité du royaume. Il fallait être perspicace, doué d'un discernement aigu. Joab sut cela, et organisa sagement le retour de l'enfant. Mais David ne voulait pas qu'Absalom vît sa face. Et cela dura deux ans. Il fallait être rigoureux dans l'éducation de son fils pour lui apprendre à discerner le bien du mal.

Après cela, David reçut son fils assassin qu'il embrassa sincèrement, signe de pardon et de réconciliation. S'il est vrai que David pensait à sa succession, il faut noter qu'il avait aussi un cœur plein d'amour qui se manifestait souvent par le pardon désintéressé.

Un autre drame survint dans le royaume. Absalom, le fils héritier, planifia un coup d'État et se fit consacrer roi de Juda, ce qui revenait à être désormais roi d'Israël.

À Jérusalem, David l'apprit et quitta le trône en laissant sa couronne royale. Il ne voulait certainement pas que le peuple fût massacré à cause de lui. Il avait appris aussi que tout le monde était derrière son fils. Il sortit de Jérusalem avec ses intimes, sans gloire. C'était une grande humiliation. Tsadok, le prêtre voulut sortir avec l'Arche (demeure de Dieu) et suivre David. Mais il refusa et dit : «Ramène l'Arche de Dieu en ville. Si je trouve grâce aux yeux de Dieu, il me ramènera et me fera voir l'Arche et sa demeure. Mais s'il dit : Je ne veux plus de toi,- qu'il me traite comme il lui semble bon[1]».

David savait que si ce n'est pas Dieu qui chasse du pouvoir, aucun autre ne peut le faire. Car c'est lui qui établit les rois, les présidents, en un mot, les autorités. David quitta donc le trône sachant qu'il reviendrait si c'était la volonté de Dieu. Il devrait braver la faim, les moqueries de certains, repérer les hypocrites etc. C'est dans ces situations qu'on reconnaît ses véritables amis. David et son peuple demeurèrent dans les plaines du désert.

Son fils, quant à lui, cherchait à achever ce qu'il avait commencé : massacrer le peuple qui suivait son père et tuer David. Il prépara son armée pour cette dernière expédition. Pour son malheur, il connut la défaite face à l'armée de David dirigée par Joab. Les civils furent épargnés. C'était un combat acharné. Joab tua le rebelle Absalom, fils de David. On annonça la nouvelle de la victoire. Mais David s'inquiétait pour son fils Absalom. A l'annonce de la mort de son ennemi et fils, David mena deuil pendant plusieurs jours. Il transforma ainsi cette délivrance en un deuil. Rappelons que ce fils avait tué son frère, mais malgré tout cela, David cherchait certainement à lui pardonner de nouveau, et c'est lui qu'il voyait comme roi à sa place. Après cette période douloureuse, Joab intervint auprès de David. Alors celui-ci se leva et s'assit à la porte, à la vue de

____

1 **2 Sam 15:25, 26**

tout le peuple. David retourna à Jérusalem et revit la demeure de Dieu, c'est-à-dire l'Arche de l'Eternel : Dieu était avec lui et aucun homme ne pouvait le chasser du pouvoir.

Les dernières consignes de David

Lorsque David sentit que le jour de sa mort approchait, il donna ses instructions à son fils Salomon : «Je m'en vais par le chemin de toute la terre, montre-toi fort et sois un homme. Reste fidèle à Dieu, ton Dieu, marche dans ses voies, observe ses lois, ses commandements, ses ordonnances et ses préceptes, ainsi tu réussiras dans tout ce que tu feras[1]».

Un pouvoir sans la pensée divine est un pouvoir voué à l'échec. David était un homme consciencieux. Il était clair-voyant et avait un esprit d'analyse très pénétrant. C'est pour cette raison qu'il demanda à son fils de tuer son chef d'armée, afin d'éviter une guerre entre les tribus d'Israël et de Juda ; car Abner et Amassa étaient auparavant des chefs de guerre de la tribu d'Israël, qui avaient été assassinés par Joab en temps de paix. En éliminant Joab, Salomon confirmerait son trône.

David demanda ensuite à Salomon d'éliminer Shimei qui l'avait maudit pendant qu'il fuyait son fils Absalom. Par la suite, David lui pardonna sans rancune. Mais il croyait que la malé-diction agit sur l'homme ou sur sa descendance. C'est pourquoi Salomon devait tuer Shimei afin d'éliminer cette malédiction et d'affermir son royaume.

Il demanda enfin à Salomon d'être généreux et reconnais-sant envers ceux qui lui avaient fait du bien. C'est le cas des fils de Barzillai de Galaad qui étaient venus au secours du roi pendant sa fuite devant son fils Absalom.

MOÏSE, L'HOMME DU DESERT.

Le désert est une zone aride, sèche et inhabitée. L'un des plus grands déserts du monde est le désert du Sahara.

Prêcher dans le désert, c'est parler sans être entendu, sans être compris. C'est voir ses paroles méprisées.

---

1 **1 Rois 2:2, 3**

C'est dans cet environnement désertique que Moïse conduisait le peuple vers la Terre Promise, là où coulent le lait et le miel. Cette terre prospère, Moïse ne l'avait jamais vue et n'en avait aucune expérience.

Mais il avait un rêve, celui de donner à son peuple la prospérité. Celui-ci suivait un leader qui avait un rêve particulier et personnel. C'était un véritable risque.

Pour mener à bien cette aventure, Moïse communiqua sa conviction à soixante-dix hommes qui avaient les mêmes dispositions que lui.

La connaissance de Moïse

Le *Livre des Nombres* nous raconte une histoire qui nous permettra de montrer l'importance de la connaissance. Il s'agit du chapitre 12 :

«Myriam et Aaron parlèrent contre Moïse à propos de la femme éthiopienne qu'il avait prise, car il avait pris une femme éthiopienne.

Et ils dirent : L'Éternel n'a-t-il parlé que par Moïse seulement ? N'a-t-il pas parlé aussi par nous ? Et l'Éternel l'entendit.

Et cet homme, Moïse, était très-doux, plus que tous les hommes qui étaient sur la face de la terre.

Et soudain l'Éternel dit à Moïse, et à Aaron et à Myriam : Sortez, vous trois, vers la tente d'assignation. Et ils sortirent eux trois.

Et l'Éternel descendit dans la colonne de nuée, et se tint à l'entrée de la tente ; et il appela Aaron et Myriam, et ils sortirent eux deux.

Et il dit : Écoutez mes paroles : S'il y a un prophète parmi vous, moi l'Éternel, je me ferai connaître à lui en vision, je lui parlerai en songe.

Il n'en est pas ainsi de mon serviteur Moïse, qui est fidèle dans toute ma maison ;

Je parle avec lui bouche à bouche, et en me révélant clairement, et non en énigmes ; et il voit la ressemblance de l'Éternel. Et pourquoi n'avez-vous pas craint de parler contre mon serviteur, contre Moïse ?

Et la colère de l'Éternel s'embrasa contre eux, et il s'en alla ; et la nuée se retira de dessus la tente : et voici, Myriam était lépreuse, comme la neige ; et Aaron se tourna vers Myriam, et voici, elle était lépreuse.

Et Aaron dit à Moïse : Ah, mon seigneur ! ne mets pas, je te prie, sur nous, ce péché par lequel nous avons agi follement et par lequel nous avons péché.

Je te prie, qu'elle ne soit pas comme un enfant mort, dont la chair est à demi consumée quand il sort du ventre de sa mère.

Et Moïse cria à l'Éternel, disant : O Dieu ! je te prie, guéris-la, je te prie.

Et l'Éternel dit à Moïse : Si son père lui eût craché au visage, ne serait-elle pas pendant sept jours dans la honte ? Qu'elle soit exclue, sept jours, hors du camp, et après, qu'elle y soit recueillie.

Et Myriam demeura exclue hors du camp sept jours ; et le peuple ne partit pas jusqu'à ce que Myriam eût été recueillie.

Et après, le peuple partit de Hatséroth, et il campa au désert de Paran. »

Ce que Dieu a dit est nécessaire pour comprendre l'importance de la connaissance : « S'il y a au milieu de vous un prophète, je me manifeste à lui à travers des visions. Je ne lui parle qu'en songes. Il n'en va pas de même pour mon serviteur Moïse, je lui ai confié ma maison. Je lui parle face à face en me révélant clairement à lui et non en énigmes. Lui voit la ressemblance de Yahvé ». La connaissance, comme nous l'avons déjà souligné dans ce livre, est très importante pour un leader, car elle lui donne de l'autorité. C'est ce que l'on sait pour l'avoir appris. Et cela concerne la culture, l'éducation et le savoir. Dès son enfance, Moïse a retenu les aspects particuliers de la vie dans la société israélite après avoir reçu, en Egypte, une éducation de sa propre mère qui était Israélite. Devenu grand, il revint à la cour royale chez sa mère adoptive, la fille du pharaon. Là, des maîtres Égyptiens lui transmirent leur savoir. Mais dans ce texte, on nous montre clairement comment la connaissance est une qualité fondamentale pour le leader ; comment elle lui donne de l'autorité.

Myriam et Aaron, frère de Moise, l'accusèrent, car il avait pris une femme éthiopienne. Ils avaient raison, car les lois juives interdisaient le mariage avec les femmes étrangères. Contre toute attente, le leader qui n'ignorait pas cette loi semblait ne pas la respecter. Scandalisés, ces prophètes, Myriam et Aaron, prononcèrent des paroles contre Moïse qui lui, ne disait rien. Alors Dieu jugea cette affaire et sanctionna Aaron et Myriam. Pourquoi ? Simplement parce que les moyens que Dieu utilisait pour parler à Moïse, –clairement et sans énigmes –, étaient différents de ceux par lesquels il se révélait à Aaron et Myriam –visions et songes –. Ainsi la connaissance qu'a Moïse de Dieu était-elle différente de celle qu'avaient Myriam et Aaron.

L'intuition des choses divines qu'a Moïse est autre que celle dont disposent Myriam et Aaron. Par conséquent, Moïse n'aura pas le même comportement qu'eux, car il a une connaissance supérieure. Sa capacité de saisir les choses de l'esprit ou peut-être son sixième sens, son inspiration vont au-delà de ceux de Myriam et d'Aaron. En appelant Moïse, « seigneur », Aaron reconnaît son erreur et de ce fait, l'autorité de Moïse, car ce dernier avait plus de connaissance que lui.

Apres cette rébellion venue de sa propre famille, Moïse fait face à une autre rébellion, celle de Koré.

La révolte de Koré

Dans les chapitres seize et dix-sept du *Livre des Nombres*, il y a une nouvelle révolte : celle de Koré mais aussi de Dathan, d'Abiram et d'On.

Le peuple d'Israël n'avait pas de roi. L'Eternel était leur roi. C'est ainsi que selon les Saintes Écritures, il sollicita Moïse pour le représenter. C'est donc bien Dieu qui a établi Moïse, et Aaron pour le seconder. Aaron avait une très importante tâche : la prêtrise. Il était secondé par les fils de la tribu de Lévi dont il faisait lui-même partie. Mais la prêtrise était réservée seulement à Aaron et à ses fils. Ainsi, Moïse le représentant de Dieu, et Aaron le prêtre, jouissaient-ils d'un grand honneur. Malheureusement c'est ce qui fut la cause de leur discorde avec Koré, Abiram, Dathan et On. Koré revendiquait l'autorité d'Aaron. Il faut noter que Koré était lévite, c'est-à-dire issu d'une tribu qui jouissait d'un grand privilège, car elle servait dans les sanctuaires. Ils étaient les adjoints d'Aaron. Ils convainquirent deux cent cinquante princes de l'assemblée, appelée conseil, à se révolter contre Moïse. Ils les avaient persuadés que Moïse et Aaron n'étaient pas les seuls consacrés par Dieu, et que toute l'assemblée d'Israël l'était aussi . Toutes ces personnes se liguèrent contre Moïse et Aaron, les deux autorités. C'était, comme on peut s'en apercevoir, une tentative de coup d'État. Devant l'émeute créée par les rebelles, Moïse ne fuit pas, il les affronta avec autorité et leur dit humblement : « Demain matin, Dieu fera connaître qui est à lui, qui lui est consacré, et qui peut s'approcher de lui ». Moïse savait que toute autorité est établie par Dieu. Il avait donc une ferme assurance en Dieu, car il savait que c'était le Seigneur qui les avait consacrés, Aaron et lui.

Le lendemain, Koré ameuta la communauté contre Moïse. C'est à ce moment que celui qui avait établi Moïse intervint.

Que fit l'Éternel ?

Il ouvrit le sol et tous les rebelles périrent dans une fosse sans fond avec toute leur descendance. La terre les recouvrit et d'un seul coup, ils disparurent devant toute la communauté d'Israël, qui, effrayée, reconnut une fois de plus l'autorité de Moïse. Comme dans l'histoire de David, nous voyons qu'aucune rébellion ne peut chasser du pouvoir celui qui a été établi par Dieu. Seul Dieu a le pouvoir de expulser quelqu'un du trône comme ce fut le cas pour le roi Saül.

Ensuite, pour relever l'autorité d'Aaron, Dieu demanda qu'on apportât des verges par tribu devant la tente d'assignation. La verge de la tribu qui fleurirait désignerait la tribu qu'il avait consacrée à la prêtrise. La verge d'Aaron, qui représentait aussi la tribu des Lévites, fleurit le lendemain. Dieu venait de montrer qu'il avait établi Aaron et sa descendance à la prêtrise.

On reconnut dès lors son autorité.

Quelle interprétation pouvons-nous donner à cette verge sèche, qui en un jour avait bourgeonné, produit des fleurs et des amandes ?

Nous pensons que cela symbolise l'autorité qui vient de Dieu. Cette verge sèche a fleuri en un jour. Nous pouvons dire que c'est par le pouvoir de Dieu que ce miracle s'est produit. Un pouvoir qui ne compte pas sur Dieu ou qui n'a pas l'approbation de Dieu ne produit pas de miracle.

Le fait que cette verge produise des fleurs et des amandes, représente pour nous la prospérité. Toute autorité établie par Dieu a un programme de prospérité pour sa nation. C'est la capacité de transformer une nation pauvre en une nation puissante. C'est la volonté de préparer des projets pour que chaque individu de la nation connaisse la prospérité. C'est la capacité à renforcer la justice, une justice puissante et autonome qui sanctionne les actes illégaux et protège ceux qui vivent selon les lois que le pays s'est données. Un pouvoir établi par Dieu recherche toujours la justice qui vient de lui, Moise et Aaron en sont de véritables modèles.

Mais alors, Dieu peut-il arracher le pouvoir à celui à qui il l'a donné ?

Pourquoi ferait-il une pareille chose à celui qu'il a choisi ?

Comment procède-t-il ?

Pourquoi un leader peut-il se voir chassé du pouvoir et comment ?

Voici des questions qui nous amènent à la suite de notre étude.

Dieu juge ses leaders

Alors que le peuple était toujours en route pour la Terre Promise, là où coulent le miel et le lait, il arriva que l'eau manqua. La communauté s'ameuta contre Moïse et Aaron. Dieu intervient en disant à Moïse de prendre son bâton et de frapper le rocher, qui donnerait de l'eau. Moïse obéit à l'ordre de Dieu, mais avant de frapper sur le rocher il dit ceci : « Ecoutez donc, rebelles ! Ferions- nous sortir de l'eau de ce rocher ? » Et l'eau sortit du rocher en abondance. La communauté put en boire et abreuver son bétail. Quant à Moïse, le leader, son rêve devait s'arrêter ici. Son rêve d'amener le peuple à la Terre Promise était interrompu. Son objectif d'apporter pleinement la prospérité au peuple devait ne devait pas être atteint.

Parce qu'il n'a pas sanctifié Dieu devant son peuple.

Que signifie sanctifier Dieu ?

Sanctifier Dieu, c'est avoir le comportement que Dieu aurait à un moment donné. C'est la capacité de demeurer ferme en la représentation de Dieu dont nous jouissons. En somme, c'est présenter la face de Dieu. C'est présenter le caractère de Dieu.

En s'énervant et en traitant le peuple de rebelle, en frappant le rocher deux fois, Moïse ne se montra pas digne du Dieu d'amour. L'assemblée vit plutôt en Moïse l'incarnation d'un Dieu méchant, et méprisant. Et c'est pour cela que Dieu lui enleva l'autorité : tout pouvoir qui manifeste du mépris pour le peuple qu'il dirige ne parviendra pas à atteindre ses objectifs. Un gouvernement qui n'a pas de plan d'assistance aux nécessiteux afin de permettre leur épanouissement sera chassé d'une manière ou d'une autre. Et ce sera la puissance de Dieu. Car Dieu est le Dieu des faibles et c'est pour eux que l'autorité existe. Plus encore, c'est eux qu'elle représente.

La première *Epître de Jean* 1:15,16 nous parle d'un péché inconnu qui mène à la mort et ordonne qu'on ne prie pas pour ce péché. De même qu'un péché peut conduire à la mort, de même la faute d'un pouvoir peut conduire aussi à sa chute.

Aaron et Moïse semblent avoir commis un péché de ce genre.

À Aaron on enleva les vêtements de prêtrise, c'est-à-dire l'autorité, et l'on revêtit Eléazar à sa place. Aaron mourut au sommet de la montagne de Hor. Il ne vit pas la Terre Promise, là où coulent le lait et le miel, synonymes de prospérité.

Quant à Moïse, il pria longuement pour être pardonné afin d'entrer en Canaan. Hélas ! Dieu refusa sa requête. Il vit de loin la Terre Promise, mais n'y entra pas. Il n'atteignit donc pas son objectif, son rêve qui était de donner la prospérité au peuple. Il fut remplacé par Josué. Il mourut et fut enterré dans la vallée de Moab.

CONCLUSION

La sagesse est quelque chose qui dirige un homme vers les sommets. Un politicien sage arrive toujours au sommet.

La paix est une chose précieuse à la sagesse, c'est le fait de la sagesse. La sagesse est inégalable et vient de Dieu.

Les Saintes Écritures disent qu'il ne s'est jamais levé sur terre un leader comme Moïse avec qui Dieu parlait face à face, bouche à bouche.

Il demeure un leader qui avait de la fermeté, qui avait la ferme conviction du bien-fondé de son projet et qui était très persévérant.

LA STRATÉGIE

La stratégie est un élément très important dans la conduite des affaires publiques. Un pays qui se veut puissant a toujours des stratèges en politique, en économie, et en sécurité. Nous faisons ici une analyse en stratégie politique à travers un personnage illustre de la Sainte Bible : Esther

Qu'est-ce qu'une stratégie ?

Selon le *Petit Robert*, c'est un plan d'actions coordonnées. Toute stratégie est noble et sage. Elle est puissante et forte pour débloquer des situations difficiles et permettre la prospérité d'un peuple et de l'humanité.

Un stratège est une personne qui sait manipuler les autres pour atteindre un but. Esther a été une femme célèbre à son époque, selon les Saintes Écritures. Elle a été un stratège politique .Nous constatons cette qualité en elle par l'analyse des actions qu'elle a posées en vue de la délivrance de son peuple. Mais avant Esther, remarquons l'attitude politique utilisée par le roi pour écarter sa femme. Selon la coutume perse, le roi nommé Assuérus demanda à Vasthi, son épouse, de venir se présenter solennellement devant ses invités. Celle-ci refusa. Or à cette époque, le roi était un personnage suprême, un demi-dieu dont on exécutait les ordres. Dans sa colère, il chercha les moyens pour se séparer de sa femme. Que fit-il ? Il convoqua chez lui les spécialistes des lois et du droit. Il leur posa la question suivante : « Que faut-il faire à la reine qui a désobéi à l'ordre du roi ? » Il laissa ensuite les hommes de loi décider. Après concertation, voici quelle fut leur proposition : « Si le roi le juge bon, il faut publier une ordonnance royale de sa part et l'inscrire parmi les lois des Perses et des Mèdes, de sorte que personne ne puisse aller contre. Cette ordonnance interdira à la reine Vasthi de se présenter désormais devant le roi, et le roi donnera son titre de reine à une meilleure qu'elle. Cette ordonnance que le roi aura publiée sera portée à la connaissance de tout son royaume, afin que toutes les femmes aient du respect pour leurs maris, depuis le plus grand jusqu'au plus petit. » Cette proposition plut au roi et fut mise à exécution.

En invitant les hommes de loi chez lui, le roi voulait utiliser d'abord l'environnement pour les influencer, grâce à une bonne réception, au partage du vin, au repas…

La question qu'il posa avait un objectif précis mais inavoué : l'approbation des hommes de loi et de droit du royaume. Cette proposition adoptée par le roi permit à celui-ci de se séparer de sa femme. C'est à ce moment qu'entra en scène Esther.

Elle est la fille d'un Juif, exilé avec son cousin et ses frères juifs dans les pays perses et mèdes. Le roi Assuérus la choisit comme reine à la place de Vasthi. Elle vivait dans les bonnes grâces du roi mais n'osait jamais parler de ses origines, comme le lui avait conseillé son cousin Mardochée. Ce dernier prenait toujours de ses nouvelles auprès de ses servantes et des eunuques au palais.

Quelque temps après, Haman fut désigné comme la personne la plus importante du royaume après le roi. Tout homme devait se courber devant Haman conformément au commandement du roi, mais Mardochée refusait de le faire. Haman, très en colère, orchestra une stratégie afin d'éliminer non seulement Mardochée, mais aussi tous les Juifs du royaume. Il obtint l'accord du roi, car il l'avait persuadé que les Juifs ne se soumettaient pas aux lois des Perses. Sur l'ordre du roi, Hamann fit écrire des lettres qui avaient force de loi afin de détruire les Juifs dans toutes les provinces du royaume, depuis le plus jeune garçon jusqu'au vieillard, ainsi que les enfants et les femmes, et de piller leurs biens le 13ᵉ jour du 12ᵉ mois. La lettre portait le sceau du roi : elle était irrévocable.

Mardochée informa de cette affaire la reine Esther. Il lui demanda immédiatement de supplier le roi et de faire requête devant lui en faveur du peuple juif. Il lui envoya la copie de l'édit. Esther dit à son cousin qu'elle ne pouvait rien faire car la loi interdisait d'entrer dans la cour intérieure sous peine de mort à moins que le roi ne tendît le sceptre d'or. Elle voulait calmer son cousin, qui était très pressé, afin de saisir le moment opportun pour agir. L'édit venait juste d'être pris, il serait hasardeux d'aller contre la décision suprême du roi ; il ne fallait pas se précipiter de manière à trouver la stratégie efficace. L'édit qui avait été pris le premier mois prenait effet le douzième mois. Les stratèges ne s'alarment pas. Mais Mardochée ne voulait rien comprendre. Esther demanda alors, selon la coutume juive, un jeûne de trois jours. Pendant ces trois jours et trois nuits, elle conçut un plan.

Selon la loi, il était formellement interdit d'entrer chez le roi par la cour intérieure à moins qu'il ne tendît son sceptre d'or au visiteur. Que faire ? Esther était belle ; il fallait user de son charme pour influencer le roi. Alors, elle se revêtit de son habit solennel, l'habit royal qui mettait en valeur sa beauté ; et au risque de sa vie, elle désobéit à la loi et se présenta devant le roi dans la cour intérieure. Le roi la voyant charmante et surtout solennelle, lui tendit son sceptre d'or, car elle avait trouvé faveur à ses yeux : elle venait dans un temps record de créer un moment propice : on peut faire naître une opportunité quelles que soient les circonstances.

Celles-ci étaient favorables maintenant : le roi lui demandait d'exposer sa requête, et lui promettait même la moitié de son royaume si elle le voulait bien. C'était le temps pour Esther de mettre toute sa stratégie en œuvre pour sauver le peuple juif. Elle ne répondit pas immédiatement à la question du roi mais l'invita avec Hamann à un festin chez elle. Elle manœuvra de cette manière pour gagner la confiance du roi : l'environnement, la réception, les causeries étaient utilisées pour influencer les deux grands personnages du royaume. Mais le roi voulait s'assurer réellement de la demande d'Esther. Elle ne dit rien et proposa un second rendez- vous chez elle aux deux autorités du pays.

Pourquoi un deuxième rendez-vous ? Pour s'assurer d'avoir gagné le cœur du roi. Au deuxième rendez-vous, à la demande du roi, Esther révéla ses projets, sa requête : elle demanda au roi de sauver par décret ses frères juifs et de condamner son ennemi Haman à la pendaison. Malgré la requête d'Haman auprès d'Esther, elle ne revint pas sur sa position car cela faisait partie de sa stratégie.

Le roi signa des décrets révoquant l'assassinat des Juifs et demanda à tout Juif de se défendre s'il était attaqué, dans toutes les provinces du royaume.

Il les publia et à la demande d'Esther, on pendit Haman et ses fils aussi, afin d'éviter que ceux-ci ne se vengent plus tard.

Esther venait de délivrer le peuple juif. Ainsi fut instituée la fête de Purim, qui rappelle la joie des Juifs après leur délivrance par la reine Esther.

C'est donc par une stratégie noble qu'Esther est devenue un symbole de courage pour Israël. Elle était la providence divine pour le salut des Juifs.

LA POLITIQUE DE L'ÉTAT

La politique, c'est la manière de gouverner un État.

Elle est constituée par les politiques intérieure et extérieure, cette dernière étant la manière de mener les relations avec les autres États.

Un État a besoin de personnes ressources pour son développement. Ce sont les têtes pensantes des pouvoirs. Ce sont les stratèges.

Ils sont capables d'apporter une grande vision dans des domaines précis pour le développement du pays, leur regroupement est d'une grande nécessité pour le fonctionnement de la politique de l'État.

Nous nommons ce groupe : le secrétariat d'État qui est sous l'autorité du Président de la République à qui il rend compte. Nous avons donc :

le secrétariat d'État chargé des réserves de l'État (mines, pétrole, diamant,…)

Le secrétariat d'État chargé de la mobilisation et du contrôle du traitement des travailleurs (agriculteur, fonctionnaire privé)

Le secrétariat d'État chargé de l'Education Nationale

Le secrétariat d'État à la Défense (avec à sa tête l'officier supérieur de l'armée) chargé de la protection et la sécurité de l'État

Pour gouverner, il faut avoir certes une vision mais aussi une philosophie politique. Cela nécessite la connaissance des régimes ou courants politiques. Nous faisons ici une présentation synthétique des principales idéologies :

Présentation synthétique des principales idéologies[1] :

| | capitalisme | | anticapitalisme |
	capitalisme libéral	social-démocratie	
socialisme		• social-libéralisme	• social-démocratie/ travaillisme	• marxisme • anarchisme
radicalisme	• radicalisme		
démocratie chrétienne	• christianisme libéral • néogaullisme	• christianisme social	• socialisme chrétien gauche chrétienne
gaullisme		• gaullisme social	• gaullisme « de gauche »
libéralisme	• ultralibéralisme • libéralisme		
© Laurent de Boissieu			

Le socialisme réformiste

Il prône l'utilisation du suffrage universel et de l'État pour transformer le capitalisme. Il existe plusieurs formes de socialisme réformiste :

- le «fabianisme» *(Fabian Society)* britannique.
- le «possibilisme» de Paul Brousse (France, 1844-1912).
- le «révisionnisme» d'Eduard Bernstein (Allemagne, 1850-1932).
- Le travaillisme
- La social – démocratie
- le marxisme réformiste

Historiquement, le travaillisme est, en Angleterre, un socialisme réformiste caractérisé par la préexistence puis la prédominance du syndicat de travailleurs sur le parti.

Historiquement, la social-démocratie est, en Allemagne, un socialisme réformiste caractérisé par l'interdépendance entre parti social-démocrate et syndicat de travailleurs.

Le terme est aujourd'hui couramment utilisé comme synonyme de socialisme réformisme

Le marxisme réformiste (en France : guesdisme ; en Russie : menchevisme ; en Allemagne : kautskysme) est une variante du marxisme prônant la participation à la «démocratie bourgeoise»

---

1 **Source : http://www.ipolitique.fr/ideologies-politiques.htm**

en attendant la révolution prolétarienne. Cette vision, générale-ment issue d'une lecture strictement mécaniste du marxisme équivaut de fait à un socialisme réformiste.

Les démocrates chrétiens

Ils sont historiquement des conservateurs ralliés au libéra-lisme politique. Ils sont parfois issus de l'évolution de partis de défense religieuse.

Dans de nombreux États, les partis démocrates-chrétiens ont évolué vers un christianisme de plus en plus libéral et de moins en moins social, avec pour conséquence :

- le départ de leur aile chrétienne-sociale ralliée aux partis sociaux-démocrates. Exemples : Robert BURON en France (MRP puis PS), Gustav HEI-NEMANN et Johannes RAU en Allemagne (CDU puis SPD)
- un rapprochement avec les partis conservateurs (au sens du conservatisme libéral).

Les chrétiens sociaux représentent l'aile sociale des démo-crates-chrétiens. Ils défendent la démocratie politique et socia-le, sans toutefois remettre en cause le capitalisme (réformisme de type social-démocrate)

Le gaullisme

C'est une doctrine se réclamant en France de la pensée et de l'action de Charles de Gaulle (1890-1970), associant natio-nalisme et humanisme. Si les gaullistes ont siège sur les bancs de droite des assemblées parlementaires, la doctrine gaulliste ne possède pas les attributs classiques des forces de droite dans les États d'Europe occidentale :

- Droites européennes : défense du capitalisme, atlantisme…
- Gaullisme : troisième voie sociale entre le capita-lisme et le marxisme (« l'association capital – tra-vail » ou « participation »), indépendance vis-à-vis des États-Unis d'Amérique (« l'Europe européen-ne »)…

Le positionnement du gaullisme à droite est donc controversé. Les successeurs de Charles de Gaulle – Georges Pompidou puis Jacques Chirac – ont toutefois normalisé le programme gaulliste en l'alignant sur celui des droites européennes (capitalisme libéral, atlantisme, Europe supranationale...). L'aboutissement de cette évolution est la disparition, après l'élection en 2002, du parti héritier du gaullisme – le Rassemblement Pour la République (RPR) – dans le parti de droite : l'Union pour un Mouvement Populaire (UMP).

LES VARIANTES DU GAULLISME

- Le néo gaullisme, "de droite" (Georges Pompidou, Jacques Chirac).

- le gaullisme social, "centriste" (Jacques Chaban-Delmas) : gaullistes défendant la démocratie sociale, sans toutefois remettre en cause le capitalisme (réformisme de type social – démocrate).

- le gaullisme "de gauche" (Louis Vallon, René Capitant) ; fraction la plus progressiste des gaullistes, remettant en cause le capitalisme.

LE GAULLISME AUJOURD'HUI

PRESENTATION
Action pour le Renouveau du Gaullisme et de ses Objectifs Sociaux (ARGOS)   Jean Charbonnel, ancien ministre.
Club Nouveau Siècle   Mouvement gaulliste associé à l'UMP
Débout la république (DLR)   Nicolas Dupont-Aignan   (député démissionnaire de l'UMP ; gaulliste et national républicain)
Union Gaulliste pour une France Républicaine (UGFR)   Gaullistes issus de L'ex-Pôle Républicain de Jean Pierre Chevènement

Le social – libéralisme

Il se présente comme une troisième voie entre le libéralisme et la social- démocratie. Historiquement, le social-libéralisme a été représenté par les radicaux, c'est-à-dire la fraction des libéraux favorable à l'alliance avec la gauche socialiste face à la droite.

Aujourd'hui, le terme est couramment utilisé pour désigner les anciens partisans des idéologies réformatrices du capitalisme (social – démocratie, christianisme social, gaullisme, social) ralliés généralement dans le contexte de la construction européenne, au capitalisme libéral. C'est notamment le cas au Royaume-Uni avec la troisième voie (Third Way) de Tony Blair et en Allemagne avec le Nouveau Centre (Neue Mitte) de Gerhard Schröder.

En Europe, la vie politique tend ainsi de plus en plus à se partager entre :
- une gauche sociale – libérale
- une droite libérale

État	PARTI
Danemark	Det Radikale Venstre (RV)
France	Parti Radical de Gauche (PRG)
Pays-Bas	Democraten 66 (D66)
Royaume-Uni	Liberal democrats (LD)

Le libéralisme

- **Le libéralisme politique** prône la défense des droits de l'homme (liberté, propriété, résistance à l'oppression, etc.), l'État de droit, la séparation et l'équilibre des pouvoirs exécutif, législatif et judiciaire.
- **Le libéralisme économique** prône une intervention aussi limitée que possible dans l'économie afin de ne pas fausser la libre concurrence et de laisser le marché s'auto- réguler. Il existe plusieurs formes de libéralisme économique, qui se différencient selon le degré accepté d'intervention de l'État, sur une échelle allant du libertarialisme au social- libéralisme.
- **Le libéralisme sociétal** prône la primauté de la liberté individuelle.

Au XXe siècle, face à la montée du socialisme, les libéraux se sont divisés en deux fractions :

- les libéraux conservateurs (libéraux positionnés à droite face à la montée de la gauche socialiste.)

- les radicaux (fraction des libéraux favorable à l'alliance avec la gauche socialiste face à la droite).

LES VARIANTES
√ National-libéralisme
√ Libéraux conservateurs
√ Social-libéralisme
√ Radicalisme
√ Libertarianisme

Le libéralisme dans le monde

PRÉSENTATION
Internationale libérale Fédération internationale de parti politique créée en 1947
Société du Mont – Pèlerin Club international créé en 1947
Parti Politique des Libéraux, **Démocrates et Réformateurs (ELDR)** Fédération européenne de partis politiques créée en 1976
Groupe Alliance des Démocrates **et des Libéraux pour l'Europe (ADLE)** Groupe au parlement européen depuis 1953

Le libéralisme en France

PRÉSENTATION	PERSONNALITÉ	VARIANTE
Alternative libérale Parti politique issu en 2006 de Liberté Chérie		libertarianisme
L'Ami public Club créé en 2001	Christian Blanc	Social - libéralisme
Association pour la Liberté **Economique et le Progrès** **Social (ALEPS)** Club créé en 1966	Jacques Garello	

Centre National des Indépendants et Paysans (CNIP) Parti politique créé en 1949 (ancien parti d'Antoine Pinay)	Annick du Roscoät	Libéralisme conservateur
Les cercles libéraux Club créé en 2002 dans la mouvance de l'UMP	Alain Madelin	
La droite libre Club créé en 2002 dans la mouvance de l'UMP	Rachid Kaci	National-libéralisme
Énergies Démocrates Parti politique issu en 2002 de l'Ami public (en sommeil)	Christian Blanc	Social-libéralisme
Énergies 2007 Club issu en 2006 de l'Ami Public et d'Énergies Démocrates	Christian Blanc	Social-libéralisme
Gauche Moderne Club créé en 2001 dans la mouvance du PS	Jean–Marie Bockel	Social-libéralisme
Génération Libérale Club issu en 1999 d'Idées – Actions (créé en 1944 par Alain Madelin)	Jacques Garello	
Institut Euro 92 Club créé en 1988	Alain Madelin	
Liberté chérie Club créé en 2001 ; avant 2004 : liberté j'écris ton nom		
Mouvement Pour la France (MPF) Parti politique créé en 1994	Philippe de Villers	National-libéralisme
Les Réformateurs Club créé en 2002 dans la mouvance de l'UMP	Hervé Novelli	
Réforme et Modernité Club créé en 2006 dans la mouvance de l'UMP	Hervé Mariton	
Réformisme et Rénovation (R2) Club issu de la motion de Jean-Marie Bockel au congrès 2005 du PS		Social-libéralisme

Les partis libéraux historiques en France

PRÉSENTATION	PÉRIODE	PERSONNALITÉ
Alliance Républicaine Démocratique (ARD)	1901 – CNR	Pierre-Etienne Flandin, Paul Reynaud
Fédération Républicaine Absorbe après 1919 des conservateurs de l'Action Libérale Populaire (ALP)	1903 – CNR	Louis Marin
Parti Républicain de la liberté (PRL) Rallie le CNI en 1951	1945 – 1951	
Centre National des Indépendants (CNI) Marginalisé en 1972 par la scission des républicains indépendants (RI)	1949 – …	Antoine Pinay
Républicains Indépendants Scission du CNIP	1962 – 1977	Valéry Giscard d'Estaing
Parti Républicain (PR) Ex – FNRI ; composante de l'UDF de 1978 à 1997	1977 – 1997	François Léotard
Parti Populaire pour la Démocratie Française (PPDF) Composante de l'UDF de 1995 à 2002	1995 – 2002	Hervé de Charette
Démocratie Libérale (DL) Ex – PR ; composante de l'UDF de 1997 à 1998	1997 – 2002	Alain Madelin

Les **communistes** prônent une société autogérée par l'État. Il existe plusieurs voies idéologiques pour y parvenir :

    - Abolition immédiate de l'État (Anarchisme)

    - Phase préalable de transition dite socialiste (marxisme)

LE SERVICE PUBLIC

La fonction publique reste un domaine important pour l'État. Travailler au service de l'État nécessite des qualités. Les services publics du Tiers Monde connaissent presque tous les mêmes difficultés : manque de ponctualité, corruption… On peut s'en étonner en regardant les CV des individus qui occupent les postes. Ils ont tous reçu une solide formation universitaire, pourtant l'administration fonctionne mal. Pourquoi tant de difficultés dans la gestion des affaires de l'État ? Nous tentons ici de donner des réponses en nous appuyant sur le personnage de Joseph qui a occupé des fonctions similaires.

L'excellente formation de Joseph

Avant d'occuper une fonction d'État, Joseph connut une formation pratique et particulière dans deux grands domaines : la gestion des affaires et la gestion des ressources humaines.

La gestion des affaires

À son arrivée en Egypte, Joseph fut vendu à un haut fonctionnaire du roi nommé Potiphar. Celui-ci confia au début quelques affaires à Joseph. Lorsqu'il constata qu'il réussissait, il lui confia la gestion de tous ses biens. Il est vrai que le jeune homme faisait prospérer les affaires de son maître par ses propres innovations mais il était surtout dévoué à celui-ci. Il était honnête avec lui et lui manifestait beaucoup de fidélité. Aucun reproche ne lui a jamais été fait à propos de la gestion des biens de Potiphar. Il voulait d'une manière désintéressée la prospérité de son maître. Ce dévouement à son maître lui coûta la prison : il avait refusé les avances de la femme de ce dernier.

La gestion des ressources humaines

En prison, il fut nommé commandant, chef des prisonniers. Il devait gérer leurs comportements. Il y avait parmi eux des malfrats, les assassins, des prostituées, des voleurs, des rebelles. La tâche était presque impossible, mais Joseph put apporter de l'assistance à chaque individu. Il était curieux de savoir tout ce qui se passait dans la vie de chaque individu afin d'apporter son aide. Mais il imposait l'ordre. Les Saintes Écritures disent qu'il réussit dans cette entreprise de sorte que le maître de la prison ne s'occupait plus de rien. Et c'est après avoir assisté d'une manière désintéressée un haut fonctionnaire du roi, chef du protocole, que celui-ci, une fois rétabli dans ses fonctions, le fit appeler pour aider le roi dans la résolution d'une crise. Le roi ayant apprécié ses propositions le nomma dans la plus grande fonction de l'État : il fut semblable à un premier ministre.

Conclusion

Dans la Sainte Bible, nous avons lu que Joseph sut redonner une stabilité à l'économie de l'Égypte et cela grâce à ses innovations et à la mobilisation de tout le peuple. Mais cela est dû à sa formation de base, à sa fidélité à son maître Potiphar et à l'assistance apportée aux prisonniers.

La force d'un service public vient de la fidélité qu'a le fonctionnaire envers la nation. Et cela se manifeste par l'honnêteté, la persévérance et l'assistance.

Joseph est une légende d'homme d'État. Il est plus qu'un patriote, car il était Hébreu et il dirigeait les affaires de l'Egypte. Il était irréprochable devant le roi mais surtout devant Dieu. Il fut honnête dans la gestion économique de l'État et sut assister le personnel.

LES TRAVAUX PUBLICS

Les travaux publics sont des travaux d'utilité générale, en matière de construction, de réparation. Les travaux publics sont très importants dans l'économie d'un pays. Les Saintes Écritures et la nature peuvent nous inspirer dans les domaines du génie civil et de la construction des habitations.

Le génie civil

Les ponts et les routes sont décisifs dans les activités économiques. Ils facilitent le déplacement des automobiles, des individus mais aussi des produits. Le génie civil est un art des constructions. Il donne à la ville la solidité et une belle allure, ce qui attire de nombreux touristes.

Le génie civil en tant qu'art a besoin de l'imagination créatrice et de l'inspiration des ingénieurs.

Certaines paroles de Jésus peuvent inspirer les ingénieurs civils. Dans *l'Evangile de Matthieu* 6, 28 à 30, Jésus dit ceci à ses disciples :

«Considérez comment croissent les lis des champs : ils ne travaillent ni ne filent ; cependant je vous dis que Salomon même, dans toute sa gloire, n'a pas été vêtu comme l'un d'eux. Si Dieu revêt ainsi l'herbe des champs, qui existe aujourd'hui et qui demain sera jetée au four, ne vous vêtira-t-il pas à plus forte raison, gens de peu de foi ?»

De cette affirmation nous concluons que la nature propose plusieurs modèles d'origine divine. Par exemple, la construction d'une route et de nouveaux types de ponts peut s'inspirer de l'observation d'une plante à plusieurs branches.

La nature nous enseigne des choses extraordinaires qui peuvent nous inspirer en génie civil. L'art des ingénieurs doit faciliter la circulation et la beauté de la ville.

ARCHITECTURE

La beauté et l'ordre dans une ville viennent de son architecture. Cela nécessite l'imagination créatrice des architectes. Une fois encore les Saintes Écritures et la nature nous inspirent.

Le *Livre des Proverbes*, 30, 29 nous parle d'un animal petit, mais sage parmi les sages : le daman. Les damans sont sans puissance mais arrivent à placer leurs maisons dans les rochers. Dans les rochers ils sont à l'abri de tout danger grâce à la solidité des roches. Ce qui fait la puissance d'une maison, c'est sa solidité. Elle donne de l'assurance aux habitants.

L'architecture des maisons d'une ville est solide.

La nature nous suggère des plans de maisons. La ruche des abeilles et les termitières peuvent inspirer des maisons pour les quartiers populaires. Les termites utilisent peu d'espace pour un habitat qui peut en accueillir des milliers.

Conclusion

Ce qui fait la force des travaux publics, c'est l'imagination créatrice des ingénieurs civils. Cet art donne de l'esthétique et de l'élégance à la ville. En conséquence le pays attire des touristes. Ces infrastructures permettent le développement économique du pays.

Les relations internationales sont très importantes pour la prospérité d'un pays. Elles permettent certains accords nécessaires à la stabilité du pays.

Nous voulons insister sur les relations entre pays.

Une alliance est une union contractée par un engagement mutuel. Deux pays alliés sont deux pays qui s'unissent par une alliance.

Les alliances ont toujours été des alliances d'intérêts.

Dans les Saintes Écritures, il y a eu des alliances entre pays dans les domaines de la sécurité, de l'économie, de la politique et de l'éducation.

Alliance de sécurité

Dans le *Livre de Josué*, il est écrit qu'il y eut alliance entre Israël et les habitants de Gabaon. En effet, ayant entendu parler de la puissante armée d'Israël qui avait commencé à ravager toute la région de Canaan, les Gabaonites usèrent de ruse comme le précise la Sainte Bible, pour faire alliance avec le peuple d'Israël. Dans cet accord, Israël qui devait exterminer toutes les nations de la région s'engagea à ne pas détruire les habitants de Gabaon. Ces derniers quant à eux acceptèrent de servir Israël comme puiseurs d'eaux et coupeurs de bois pour l'assemblée d'Israël et pour l'autel de Dieu.

Bien qu'au service des Israélites, ils étaient considérés par ces derniers comme des frères car beaucoup vivaient paisiblement au milieu du peuple d'Israël.

Cinq rois de la région se liguèrent pour faire la guerre aux Gabaonites. Se rappelant de l'alliance qu'ils avaient tissée avec Israël, les Gabaonites firent appel à lui en disant : « Ne retire par ta main de tes serviteurs ». Alors l'armée d'Israël vint en aide aux Gabaonites en exterminant toutes ces armées qui voulaient l'attaquer. La paix revint dans la région.

Israël aida ce peuple car par l'alliance contractée, il les considérait comme des frères. Une alliance est puissante lorsqu'elle réunit fraternellement deux nations.

Un roi reconnu dans les livres révélés comme des l'un des plus sages et des plus riches a été Salomon. Ce dernier pour bâtir son pays a contracté plusieurs alliances. Nous nous intéresserons aux alliances économique, politique et éducative.

Alliance économique

D'abord il conclut une alliance économique avec Hiram roi de Tyr. Lisons ensemble ce que nous disent les Saintes Écritures à ce sujet : 1 *Rois* 9, 11 à 14 : « Alors, comme Hiram, roi de Tyr, avait fourni à Salomon des bois de cèdre et des bois de cyprès, et de l'or, autant qu'il en voulut, le roi Salomon donna à Hiram vingt villes dans le pays de Galilée. Hiram sortit de Tyr, pour voir les villes que lui donnait Salomon. Mais elles ne lui plurent point, et il dit : Quelles villes m'as-tu données là, mon frère ? Et il les appela pays de Kabul, nom qu'elles ont conservé jusqu'à ce jour. Hiram avait envoyé au roi cent vingts talents d'or. »

Dans cette alliance, Salomon qui avait besoin de matériaux précieux, offrit à Hiram des territoire. Comme ces villes n'avaient pas une grande valeur, Hiram dit ceci : « Qu'est-ce que ces villes-là que tu m'as données, mon frère ? » Ce qui est important dans cette alliance, c'est l'esprit dans lequel elle a été mise en œuvre : la fraternité. Le roi Hiram, bien que fâché à cause des villes sans valeur, respecta son engagement parce que Salomon était désormais par l'alliance son frère. Et à un frère, on pardonne. Il envoya plus tard des marins expérimentés pour aider la flotte de Salomon.

Alliance politique

L'Égypte était à cette époque une puissante nation avec celle de Babylone. La petite nation d'Israël s'allia à l'Egypte par le mariage de Salomon avec la fille du pharaon, le souverain de l'Égypte. Le roi donna le territoire de Guezer comme présent à sa fille devenue femme de Salomon. Il utilisa ce territoire pour ses besoins dans la construction de son pays.

Ce qui fait la force de cette alliance, c'est sa valeur familiale. Le roi d'Israël était désormais lié au roi d'Egypte par une alliance divine : le mariage. Il était lié aussi au roi à travers sa descendance. Rien ne peut entraver le lien de sang. Salomon faisait partie de la famille du roi d'Egypte. Cette alliance a apporté à cette époque une paix parfaite entre Israël et l'Égypte.

Alliance éducative

Enfin, le Roi Salomon s'allia à la Reine de Saba. Elle avait appris la renommée de Salomon et vint pour en savoir plus sur sa sagesse légendaire. En échange, elle apporta à Salomon des aromates, de l'or en très grandes quantités, des pierres précieuses. Cette alliance est d'ordre éducatif. Ce qui fait la force de cette alliance, c'est cette nouvelle sagesse qu'apprend la reine de Saba auprès de Salomon.

Celui qui éduque une personne est comme un père pour ce dernier. Il s'en suit certainement un lien parental. C'est ce lien qui a fait de Salomon le père de cette reine. Ce lien déboucha sur l'union entre les deux royaumes.

Un peuple périt par manque de connaissance. C'est pour cette raison que certains pays tissent des alliances de valeur éducative avec certaines puissances.

CONCLUSION

Les alliances entre pays sont certes faites d'intérêts communs mais doivent déboucher sur des liens de fraternité et de paix pour l'avancement de l'humanité.

Chapitre II : LA NPE (NOUVELLE POLITIQUE ÉCONOMIQUE)

Cette nouvelle politique économique nous est inspirée par deux insectes : la fourmi et l'abeille. Ces deux insectes ont une vie sociale similaire. Nous nous en servirons pour montrer une nouvelle pensée économique et sociale.

Vie sociale des fourmis

Les fourmis vivent divisées en castes constituées d'individus ayant des aspects et des rôles différents.

Les castes :

- les reproducteurs : ils sont constitués d'un mâle et d'une femelle.

Le mâle ne joue pas un grand rôle dans la société des fourmis, il est seulement là pour l'accouplement avec la reine. Celle-ci est la garante de la survie de la société : elle est la seule à pondre les œufs, garantissant ainsi la continuité de la société. Sans la femelle, plus de société et de fourmi. Et c'est pour cette raison qu'elle est cachée et très surveillée par des soldats.

- les ouvrières (femelles stériles)

Comme l'indique leur nom, elles n'ont aucune capacité de reproduction.

Elles semblent pourtant très importantes dans le fonctionnement social des fourmis.

Elles s'occupent des œufs de la femelle, c'est-à-dire la reine, et se chargent de sa nourriture. A l'éclosion des œufs, elles sont chargées de l'alimentation des nouveau-nés. C'est aussi auprès d'elles que les bébés fourmis apprennent leur future vie dans la société des fourmis.

Les ouvrières sont chargées aussi de la construction et la protection de la termitière.

- Il faut noter qu'en Afrique, il y a un autre type d'ouvriers qui représentent les soldats et qui s'occupent réellement de la défense de la femelle et du nid de la termitière. Ces soldats se différencient par leurs grandes mandibules.

La plus grande force des insectes sociaux, c'est cette mentalité collective innée qu'est le devoir de toujours travailler. C'est cette sagesse qui permettra à tout pays et particulièrement ceux du Tiers Monde d'atteindre le sommet, « Va vers la fourmi et deviens sage[1] » : un conseil simple qui exhorte au travail.

Pourquoi les pays du Tiers Monde n'arrivent-ils pas au sommet ?

Quel enseignement peut-on tirer de la vie sociale des insectes ?

Nous avons noté dans notre étude l'importance primordiale de la reine.

Elle est unique mais garantit la survie de la société. Qui correspond dans la société humaine à la reine procréatrice ?

Nous pensons immédiatement aux créateurs, aux élites, aux accoucheurs du savoir, c'est-à-dire les savants, les chercheurs, en bref, tous ceux qui, par leur réflexion, peuvent apporter quelque chose de nouveau à la société. Les savants en économie, en politique etc. manquent énormément dans les pays du Tiers Monde.

Le plus déplorable, c'est que les gouvernements n'encouragent aucunement la recherche dans les pays pauvres. Une société sans savants est une société qui court à sa perte, c'est le manque de connaissance qui entraîne la pauvreté et la soumission aux grandes puissances. Un pays sans savant s'identifiera forcément à la puissance colonisatrice. Les jeunes Américains, Français, Japonais, Russes n'ont pas seulement des chanteurs ou des footballeurs comme idoles, mais aussi et surtout des savants qui font la fierté de leurs pays.

Le Tiers Monde a absolument besoin de créateurs dans tous les domaines : c'est la base de la puissance d'un État.

Après la découverte scientifique ou encore la création d'un concept nouveau, ce sont les ingénieurs qui embellissent le travail. Ces ouvriers jouent un rôle tout aussi important. Ils sont chargés de mettre en œuvre les idées des concepteurs dans différents domaines : éducation, alimentation, construction, génie civil etc.

Ils sont essentiels, car ce sont eux qui rendent pragmatique la conception des savants.

1 **Pv6 : 6**

Les soldats sont les défenseurs des termitières.

Les militaires assurent la sécurité du pays ainsi que la défense. Mais aussi il faut absolument protéger les œuvres de l'esprit.

Que peut nous inspirer le travail de ces deux insectes dans une analyse économique?

D'une part, les fourmis nous intéressent quant à leur mentalité qui les incite au travail, mais aussi à la recherche de leurs provisions. Faibles, elles ne produisent pas mais quel que soit le temps, vont à la recherche de leurs aliments dans les ordures, c'est-à-dire ce qui ne sert plus. Cette attitude leur permet d'avoir toujours de la provision, non pas produite mais venant toujours d'autrui. La richesse de la fourmi a un grand fondement: tirer sa puissance dans ce que l'autre ne considère pas.

D'autre part, il y a les abeilles ouvrières qui tirent le nectar, élément important de la fleur pour fabriquer son délicieux miel.

Ces insectes nous inspirent une nouvelle politique économique fondée sur les ressources des autres pays.

Comme les fourmis, le Japon qui n'a presque aucune ressource tire sa puissance des tas de ferraille que constituent nos poubelles. Ferraille qu'il transforme en voiture, ou camion par l'inspiration de leurs savants ou ingénieurs. Aujourd'hui le Japon, détruit à la fin de la Seconde guerre mondiale, est deuxième puissance mondiale. Tout le monde apprécie et félicite le Japon; mais ce rang n'est acquis que par la force de travail comme pour les fourmis qui définitivement n'ont point de repos.

Le Japon a sagement construit la mentalité de ses jeunes: le travail, rien que le travail. Dans cette nouvelle politique, nous pensons qu'il faut sélectionner les importations, prendre toujours le meilleur des autres États par des échanges ou par des achats. C'est l'encouragement à la recherche qui va permettre de les transformer et les revendre.

Dans cette nouvelle politique nous pensons aussi qu'il faut rendre l'éducation pragmatique.

Il faut créer des écoles d'élites qui seront des pôles d'attraction intellectuelle.

Cette nouvelle politique économique doit déboucher sur

un nouveau type de travail en entreprise : des entreprises où l'on travaille par relais nuit et jour permettant d'employer plusieurs personnes. Le rôle du manager apparaîtra très déterminant :
il doit :

    - être très rigoureux

    - être capable de déceler les talents et d'amener les employés à développer leur capacité

    - éveiller l'esprit des employés

    - solliciter certaines propositions de la part des employés pour chaque secteur afin que le travail de chacun puisse être plus efficace.

Un jour de repos et des congés s'avèrent suffisants pour des personnes qui travaillent dans une entreprise de pays pauvre.

- **Au niveau du marketing**
  Ce qui fait la force d'une entreprise, c'est sa capacité à créer des choses excellentes ou plus intéressantes que les autres. Il faut donc faire un effort d'imagination et de sagesse pour savoir toujours gagner des marchés et multiplier les produits. User d'imagination et de risque pour pouvoir vendre les produits dans les territoires a priori peu favorables, avec de lourdes contraintes. L'incapacité d'un employé à faire preuve d'imagination doit conduire à son renvoi.

- **Formation**
  Il faut proposer une formation adaptée aux types d'imaginations. Cela nécessite une certaine liberté de penser et de proposer de la part des employés, supervisée par le manager.

- **Le contrat**
  Le contrat est signé d'un commun accord entre le patron et l'employé.
  Le patron fixe le salaire, l'employé accepte le salaire par une signature volontaire. Le propriétaire est le seul à fixer librement le salaire, des cadres aux

manœuvres. L'employé exerce le travail pour lequel
il a été embauché, il est subordonné à l'employeur
et il est rémunéré pour ce fait.
Les employés reçoivent leur dû dès la fin du mois,
conformément à l'accord signé avec le patron.

- Les prévisions annuelles
Pour qu'une entreprise prospère, nous proposons
une prévision sur 5 ans ou un multiple de 5.
L'entreprise aura un bénéfice qui sera le double de
la somme investie + 2.
Exemple : 50 000 investis donneront (50 000 x 2) + 2

- L'encouragement des employés

Après 5 ans, il faut encourager les employés par des primes
et des augmentations de salaires. En plus de cela, il faut faire des
dons au nécessiteux au nom de l'entreprise.

Conclusion

La sagesse provient d'une intuition, c'est la
capacité d'élaborer un plan pour débloquer une
situation, c'est-à-dire mettre des hommes en
mouvement pour atteindre l'objectif qu'on s'est
fixé. On ne vend pas d'illusion en entreprise,
l'entreprise est quelque chose de concret.

LE DÉSÉQUILIBRE SOCIAL ET ÉCONOMIQUE

1. Définitions
- Déséquilibre : absence d'équilibre, instabilité.
- Social : qui concerne le rapport entre individu et
collectivité
- Société : mode de vie propre à l'homme caractérisé
par une association organisée en vue de l'intérêt

général.
- Economie : ensemble des activités d'une collectivité humaine relative à la production, la distribution et la consommation des richesses.
- Economie politique : science qui étudie les mécanismes de l'économie, les systèmes économiques, la pensée économique.

Le déséquilibre social et économique est donc une instabilité entre les membres d'une même collectivité, une instabilité dans la production, la distribution et la consommation des richesses de cette collectivité. En un mot, c'est une crise économique et sociale.

- C'est passer de l'état de prospérité à un état d'extrême pauvreté.
- C'est ne plus considérer les valeurs sociales

Les conséquences d'une crise

- En ce qui concerne l'éducation : une éducation sans vocation et sans imagination pédagogique
- En ce qui concerne la sécurité : manque d'expertise dans la sécurité
- En ce qui concerne l'excellence : on ne la recherche plus
- En ce qui concerne la politique : on en fait pour s'enrichir au détriment du peuple
- On néglige les valeurs morales et on piétine les lois.

2. Que faire face à la crise ?

Nous pensons qu'il faut être intègre et rester attaché aux valeurs et aux lois qui nous ont donné auparavant notre prospérité et avoir une confiance ferme en la prospérité par la démonstration de nouveaux types de politiques économiques et sociales.

3. Le remède

Le plus important pour résoudre une crise, ce sont les valeurs morales, sociales qui ont apporté la prospérité à ce pays.

a. les valeurs morales

Nous avons des valeurs universelles importantes dans les relations humaines, plus importantes que les plans de gouvernement, les plans économiques...

Ce sont :
-la vérité
-la charité
-la liberté
-le triomphe (pensée d'excellence)
-l'intégrité

Ces valeurs morales sont des valeurs qui apportent la prospérité dans un pays.

b. Les plans économiques

Pour redonner la prospérité à un pays en crise, nous proposons deux plans : le plan sur sept années et le plan sur cinq années. Les Saintes Écritures contiennent des mystères qui peuvent être interprétés pour le développement des nations.

Dans les évangiles, Jésus, pour nourrir 5000 hommes a multiplié 5 pains ; et il en est resté 12 paniers. Ensuite, pour nourrir 4 000 personnes, il a multiplié 7 pains et il en est resté 7 paniers. Avant de faire ces miracles, il avait d'abord demandé à ses disciples de nourrir le peuple. Voyant leur incapacité à trouver une solution, il a accompli donc ces miracles.

Y a t-il un lien entre ces miracles et l'économie ?

1/ LE PLAN SUR SEPT ANS

Le chiffre 7 est très important dans les religions. Pour les chrétiens, c'est le chiffre de la perfection. C'est pour cette raison que pour pardonner parfaitement ou continuellement Jésus a demandé qu'on pardonne 7 fois 77 fois

Selon les Saintes Écritures, dans l' Egypte antique, le Pharaon fit un songe. Dans ce songe, il voyait sept vaches grasses qui paissaient au milieu des roseaux; ensuite il vit sept autres vaches laides et très maigres qui mangèrent les sept belles d'apparence. Ensuite dans son deuxième songe il vit sept épis bons et gras et ensuite sept épis pauvres qui dévorèrent les épis gras et pleins.

Pour expliquer ces songes, il fallut Joseph, doué d'une intelligence supérieure. Pour Joseph, ces songes correspondaient à une période de 7 ans d'abondance et une période de 7 ans de grande crise que connaîtrait l'Égypte.

Pour éviter la ruine de l'Égypte, il proposa un plan sur sept ans pendant le temps d'abondance, qu'il exécuta avec beaucoup d'innovation et une grande mobilisation. L'Égypte conserva sa stabilité économique.

Y a-t-il un lien entre le miracle des sept pains et l'économie?

Il semble y avoir pour nous un lien entre ce miracle et l'économie.

Pour nous, ces 7 pains correspondent à une période de 7 ans, donc un plan économique prévu sur 7 ans. Lorsqu'un pays prévoit un plan sur 7 années, ce pays connaît un équilibre, une stabilité. C'est pour cette raison qu'après avoir multiplié les 7 pains pour nourrir 4000 hommes (sans compter les femmes et les enfants de la foule), il est resté 7 paniers : un équilibre parfait.

C'est la raison pour laquelle nous proposons pour résoudre une crise économique, un plan sur 7 ans.

2/ LE PLAN SUR CINQ ANS

Le bon Dieu nous a donné deux bras qui comprennent chacun cinq doigts importants. Ces doigts permettent de subvenir à nos besoins : ce sont eux qui favorisent notre prospérité. Ce Dieu mystérieux a bien fait de nous en donner dix très utiles.

Le chiffre 5 est aussi un chiffre de mystère dans les Saintes Écritures. Pour la prospérité spirituelle du corps du Christ, c'est-à-dire l'Église, Dieu a fait cinq dons qui sont des personnes : les apôtres, les prophètes, les évangélistes, les pasteurs et les docteurs. Ils sont chargés du perfectionnement des membres de l'Église afin que ceux-ci se prennent en charge spirituellement.

Y a t-il un mystère économique dans le miracle des cinq pains?

Nous pensons qu'il y a un mystère dans le domaine économique.

Pour nous le chiffre mystérieux 5 correspond à une période de 5 ans. Nous pensons que pour connaître une prospérité économique, un pays doit prévoir un plan sur 5 ans ou un multiple de 5.

Le pays obtiendra le double de ses capitaux investis + 2.

Les cinq pains investis ont donné douze (12) paniers restants.

$(5 \times 2) + 2 = 12$

Le plan quinquennal est un plan favorable à prospérité.

CONCLUSION

Jésus a produit ces miracles à propos des pains parce que ses disciples étaient incapables de trouver une solution pour nourrir la foule. Leur incapacité s'est manifestée dans deux domaines : le manque de foi et le manque d'imagination. Le miracle se produit par la foi ou par l'imagination. Là où manque la foi pour produire le miracle, il reste l'imagination.

C'est pour cette raison que nous pensons qu'il faut faire preuve d'une imagination créatrice économique et avoir une grande capacité de mobilisation. C'est pour cela que les valeurs morales, garantes de l'unité d'un pays, sont plus qu'importantes.

Stratégie en économie : exemple de Joseph[1]

Joseph, un stratège en économie

Un stratège en économie est quelqu'un qui a une grande vision économique pour un pays. C'est quelqu'un qui organise l'économie du pays de manière à le rendre très puissant, très

1 **La Sainte Bible : *Genèse* 41**

riche. C'est aussi utiliser les capacités économiques de son pays pour manipuler les autres pays, cela en vue d'atteindre un but. Il faudra que ce but serve l'humanité.

À travers l'histoire du leader en stratégie économique qu'est Joseph, nous montrerons la puissance de la stratégie économique.

L'Égypte est à cette époque une grande puissance, un pays stable et prospère. Soudain le roi reçut une information intuitive qui annonçait une crise. On ne trouva personne pour rassurer le roi. On fit alors appel à un étranger nommé Joseph. Il n'avait pas fait d'études économiques, mais avait une connaissance intuitive très avancée en économie. C'est ainsi qu'il put rassurer le roi en lui faisant sa proposition : un plan de sept années pour résoudre la crise à venir. Alors le roi donna l'autorité à ce stratège pour tout organiser.

D'abord, ce stratège devait convaincre et faire comprendre à la population sa nouvelle stratégie économique. Il fit donc l'expertise du pays, une manière de faire comprendre à chaque ressortissant des villes l'importance de la stratégie qui serait mise en place. Ensuite ce fut la mobilisation de chaque ressource humaine des ressortissants en vue d'une cohésion régionale : la force d'une économie en vient.. Les ressortissants doivent se mettre à l'œuvre pour la force économique de leur région : c'est la géopolitique régionale. Le développement d'une région dépend de ses habitants car ils en seront les premiers bénéficiaires.

Il fit construire des réserves de blé dans toutes les villes pendant sept années.

Après cela, il y eut la famine dans tous les pays, mais l'Egypte ne manquait pas de pain grâce au blé.

Mais lorsque la famine s'aggrava, Joseph fit ouvrir toutes les réserves afin de vendre le blé aussi bien aux Égyptiens qu'aux étrangers pour enrichir les caisses de l'État. Cette stratégie augmenta la puissance de l'Egypte. L'Égypte était devenue à cette époque une puissance économique mondiale : tous les pays allaient en Egypte pour trouver des ressources.

La puissance économique d'un État est la capacité de distribution de la production pour la consommation de ses citoyens.

L'État égyptien arrivait non seulement à nourrir ses citoyens mais aussi à vendre sa production. La famine s'aggrava. Alors Joseph acquit les champs des Égyptiens pour l'État et leur donna des grains de blé pour les cultiver. Il leur imposa de remettre à l'État un cinquième de la récolte.

Avec les pays étrangers, il établit un échange commercial : le blé qui manquait était échangé contre les productions importantes de ces pays. Ces pays étaient aussi soumis à la puissance de l'Egypte car l'Egypte avait échangé le blé contre leurs différentes cultures.

Devenu incontournable, l'Egypte pouvait influencer les autres pays grâce à Joseph.

Mais auparavant, ce stratège connut une triste histoire. Très jeune, il fut vendu par ses propres frères. A cause de son courage, il brava beaucoup d'épreuves. Et c'est de la prison qu'il fut nommé pour sa grande vision économique, premier ministre du Roi. Ce sont les épreuves qui ont fait de lui un leader.

Pendant la famine, ses frères vinrent en Egypte pour acheter du blé. Il les reconnut, mais la gloire qui était sur lui ne permit pas à ses frères de savoir qui il était.

La force d'un homme est le pouvoir qu'il a. Par son pouvoir il peut mettre les autres en esclavage. Joseph était désormais très puissant et pouvait faire ce qu'il voulait de ses frères. Alors il conçut un plan. Il considéra ses frères comme des espions, et demanda qu'on lui amenât Benjamin le plus jeune, resté avec son père qui l'aimait tant. Ils retournèrent chez eux, mais on refusa d'amener Benjamin, car celui-ci était très précieux aux yeux de son père. Mais lorsque la famine s'aggrava, on décida de céder et de présenter Benjamin devant le seigneur Joseph. Il donna du blé à ses frères et leur demanda de partir. Il avait organisé un piège pour faire arrêter le bien-aimé du père : Benjamin. On l'arrêta. Alors tous ses frères se mirent à genoux devant Joseph pour le supplier ; ils avaient promis de revenir avec Benjamin. C'est à ce moment que Joseph se fit connaître à eux, il demanda qu'on fît venir son père de Canaan à Goshen à cause de la famine. Ce qui fut fait et la famille retrouva son unité au grand bonheur du père.

Que nous inspire cette banale histoire de famille ? Quel enseignement en stratégie pouvons-nous en tirer ? Quel parallèle pouvons-nous faire ?

Pour nous, il existe un parallèle.

Joseph, c'est ou ce sont les puissances économiques.

Ses frères, ce sont les États économiquement faibles.

Le père, c'est Dieu, le Père de l'Humanité.

Les pays économiquement riches ont la capacité d'agir en bien comme en mal envers les pays pauvres. Comment peuvent-ils aider à l'épanouissement de l'Humanité ?

Ils peuvent aider au respect des droits humains.

Si dans les pays pauvres, on constate souvent que les droits humains sont bafoués ; dans les conflits, les pays riches peuvent agir. Ils peuvent unanimement décider d'un embargo économique sur ce pays. Tôt ou tard, ce pays va capituler comme le père de Benjamin a été obligé de se séparer de celui-ci à cause de la famine. L'embargo doit demeurer jusqu'à ce que le pays retrouve une stabilité humaine éprouvée ; à ce moment-là, ces pays jouent un rôle efficace dans le bonheur de l'homme, créature de Dieu. C'est en agissant ainsi que Joseph a permis à ses frères de regretter leur acte (ils avaient vendu Joseph) et ils semblent ne plus pouvoir recommencer.

Les frères de Joseph avaient un seul père. Ainsi toute la race humaine a-t-elle un seul créateur. Il ne faut pas que les intérêts économiques prennent le pas sur les relations humaines. Les pays riches doivent avoir des relations d'aide avec les pays pauvres. Cela ne fera qu'accroître la richesse des pays puissants. Car lorsqu'on vient en aide aux pays pauvres, les individus de ces pays soulagés un tant soit peu, profèrent des paroles ou des prières envers les pays riches. Dieu ne pourra que développer la richesse de ces pays en réponse à la prière de ces pays pauvres. C'est aussi une stratégie efficace pour la puissance d'un État. Joseph, l'Israélite était une providence divine pour l'économie de l'Égypte.

Chapitre III : L'ÉDUCATION

Ce qui fait la puissance d'un système éducatif, c'est sa pédagogie et la valeur morale qu'elle fait intégrer au citoyen.

Qu'est-ce que la pédagogie ?
Pourquoi la pédagogie est elle fondamentale dans l'éducation ?

Le *Petit Robert* définit la pédagogie comme la science de l'éducation des enfants ; c'est aussi la méthode d'enseignement.

L'essentiel dans la pédagogie, c'est de pousser l'enfant à la curiosité, par un enseignement fondé sur les images.

Il faut pousser l'enfant à la réflexion dans les connaissances que nous voulons lui apporter.

La connaissance, propriété du maître doit demeurer cachée au départ, c'est l'élève qui fait des efforts au fur et à mesure pour la découvrir, sous la direction du maître. Cela a nécessité auparavant plusieurs questions de la part des élèves.

Cette méthode suscite en l'élève le désir de connaître ou la curiosité.

Enfin le maître doit susciter l'esprit de recherche chez l'enfant en lui donnant souvent des travaux de ce type.

L'évaluation consistera donc à juger la compréhension de l'enfant, mais surtout son esprit de recherche.

La pédagogie est très importante car c'est elle qui détermine le comportement des individus dans une société.

Lorsque la pédagogie est pauvre, les individus sont pauvres dans un pays pauvre.

Lorsque la pédagogie pousse à la réflexion, à la curiosité, nous avons des savants qui favorisent la prospérité du pays.

LA VALEUR MORALE DANS L'ÉDUCATION

Certaines valeurs morales jouent ou doivent jouer un rôle primordial dans l'instruction d'un enfant ou de la masse. Elle permet aux individus de résister lorsqu'il y a déséquilibre social ou économique.

Ce sont pour nous :

- l'intégrité : on dit qu'une personne est intègre lorsqu'elle est incorruptible.

- la vérité : la sincérité, la bonne foi

- la charité : le secours apporté à quelqu'un

- le triomphe : la capacité de toujours être un modèle dans tous les domaines.

- La liberté : la capacité d'agir sans contrainte

Lorsque les citoyens d'un pays sont attachés à ses valeurs depuis leur enfance, quelle que soit la crise, le pays résistera et tiendra ferme. Ces valeurs constituent la véritable sécurité d'un pays.

STRATÉGIE EN ÉDUCATION

Lisons ensemble les conseils que donne un père sage à ses fils : « Fils, écoutez l'instruction d'un père et soyez attentifs pour connaître l'intelligence car je vous donne une bonne doctrine : N'abandonnez pas mon enseignement. Car j'ai été un fils pour mon père, tendre et unique auprès de ma mère. Il m'a enseigné et m'a dit : que ton cœur retienne mes paroles, garde mes commandements et tu vivras. Acquiers la sagesse, acquiers l'intelligence ; ne l'oublie pas et ne te détourne pas des paroles de ma bouche. Ne l'abandonne pas et elle te gardera, aime-la et elle te conservera.

Le commencement de la sagesse, c'est : acquiers la sagesse et au prix de toutes tes acquisitions, acquiers l'intelligence. Exalte-la et elle t'élèvera ; elle t'honorera quand tu l'auras embrassée. Elle mettra sur ta tête une guirlande de grâce, elle te donnera une couronne de gloire.

Écoute, mon fils, et reçois mes paroles et les années de ta vie te seront multipliées. Je t'enseignerai la voie de la sagesse, je te dirigerai dans les chemins de la droiture. Quand tu marcheras, tes pas ne seront pas gênés, et si tu cours, tu ne broncheras pas. Tiens ferme l'instruction, ne la lâche pas ; garde-la car elle est ta vie. N'entre pas dans le sentier des méchants, et ne marche pas dans la voie des iniques. Éloigne-t'en, n'y passe point ; détourne-t'en, et passe outre. Car ils ne dormiraient pas s'ils n'avaient fait du mal, et le sommeil leur serait ôté s'ils n'avaient fait trébucher quelqu'un ; car ils mangent le pain de méchanceté, et ils boivent le vin des violences. Mais le sentier des justes est comme la lumière resplendissante qui va croissant jusqu'à ce que le plein jour soit établi. Le chemin des méchants est comme l'obscurité ; ils ne savent contre quoi ils trébucheront. Mon fils, sois attentif à mes paroles, incline ton oreille à mes discours. Qu'ils ne s'éloignent point de tes yeux ; garde-les au dedans de ton cœur ; car ils sont la vie de ceux qui les trouvent, et la santé de toute leur chair. Garde ton cœur plus que tout ce que l'on garde, car de lui sont les issues de la vie. Écarte de toi la fausseté de la bouche, et éloigne de toi la perversité des lèvres. Que tes yeux regardent droit en avant, et que tes paupières se dirigent droit devant toi. Pèse le chemin de tes pieds, et que toutes tes voies soient bien réglées. N'incline ni à droite ni à gauche ; éloigne ton pied du mal. » Prov 4.

Dans la cellule familiale, selon les Saintes Écritures et la Loi, le père est établi comme leader.

Un leader est normalement sage, grâce aux expériences de la vie qui ont fait de lui un responsable. Ainsi c'est le père qui donne la vision à la famille par les instructions qu'il donne aussi bien aux enfants qu'à la mère. C'est pour cette raison que l'auteur dit qu'il est le fils de son père, car il a reçu de lui des commandements et des enseignements qui sont pour lui des doctrines. Il a de l'assurance quand il donne à son tour ses instructions aux siens. Car il a vu la réalisation effective de certains enseignements de son père aussi bien avec son père qu'avec lui-même.

Le père leader est observé par tous les enfants car il détient l'autorité, et c'est lui qui engage sa famille par ses décisions. Chacun observe ses comportements dans la joie, les douleurs, dans les situations difficiles, sa capacité à résoudre un problème, son attitude lorsqu'il commet une erreur. Comment réagit-il ? Respecte-t-il lui-même les instructions qu'il donne ? Toutes ses instructions sont-elles applicables ? Quel a été le résultat de l'application de certaines instructions ? etc. C'est en suivant attentivement les mouvements du père et en voyant les résultats, que les enfants prennent des décisions responsables. Un père qui n'est pas forcément le père biologique est donc celui qui instruit dans la vérité et par la sagesse, tout en étant un exemple.

Les enfants les plus rebelles reviendront tôt ou tard vers l'instruction du père franc, sage et exemplaire.

La gloire reviendra toujours à un père sage, même en son absence. Car par lui, les enfants, devenus adultes, savent prendre librement des décisions dans leur vie. Ils peuvent désormais être des leaders de familles. « Le fils ne peut rien faire de lui-même, il faut qu'il voie agir son père. Si celui-ci fait quelque chose, le fils l'imite. Comme le père aime le fils, il lui montre tout ce qu'il fait. » a dit le Christ.

LES RELATIONS ENTRE ENFANTS

La relation entre enfants est aussi importante que la relation père-enfants.

La relation enfant-enfant donne des aptitudes à la maturité. Comment ?

Par la serviabilité.

Le fait d'être serviable ou d'avoir un caractère serviable est très important pour les enfants à partir de six ans.

Le fait de rendre service humblement à son frère développe chez l'enfant une aptitude à la liberté. Cette attitude donne dans le futur une liberté dans les décisions que l'homme prend. L'homme mature, c'est celui qui prend librement ses décisions.

ÉDUCATION DE MASSE

Hors de la cellule familiale, l'enfant est livré à la société. Cette société a ses règles qu'elle inculque à l'enfant. Cette éducation se fait à travers les mass médias et à l'école, l'enfant découvre les valeurs morales et sociales, la loi et la justice, et les enseignements spécialisés.

Les informations que nous recevons à travers les journaux, la télévision, etc., font partie de l'éducation de masse. Chaque information est un enseignement donné à chaque individu de la société. Ainsi les hommes de média nous apportent-ils l'éducation. Mais le problème se trouve au niveau des condamnations parfois hasardeuses que font les journalistes. En effet, certains hommes de média portent un jugement sur des événements ou des actes posés par des personnes sans une enquête minutieuse préalable. Cette habitude crée chez l'individu qui écoute ou qui lit les informations un sentiment de doute, surtout lorsqu'à chaque fois les informations sont démenties ou ne sont pas avérées. Le sentiment de doute créé en lui ne lui permet pas de prendre des responsabilités privées - personnelles - et collectives.

De même, ces informations participent à l'éducation de la collectivité. Lorsque toutes ces informations ne sont pas vérifiées, le peuple ne sait plus à quoi s'en remettre et demeure dans l'immaturité intellectuelle, incapable de prendre ses responsabilités.

L'ÉCOLE

L'école est une autre famille pour l'enfant. Il existe dans cette famille une relation maître-élève, maître-apprenant, instructeur-instruit. C'est dans cette institution que l'enfant passe beaucoup plus de temps, pour son développement physique, intellectuel et éducatif. Plusieurs personnes collaborent à l'éducation de l'enfant : les éducateurs, les directeurs et les enseignants. Celui qui est le plus proche de l'enfant est l'enseignant. Et il semble qu'il attire le regard des enfants, le plus souvent, par sa pédagogie, c'est-à-dire l'art qu'il utilise pour apporter la connaissance à l'enfant. La maîtrise de sa matière donne à l'enseignant une autorité qui impose le respect aux enfants. Cela engage l'enfant à l'amour de la connaissance. Ce qui est excellent, c'est lorsque le maître devient un mystère pour les élèves : quand le maître dévoile au fur et à mesure ses secrets dans la dispensation de son cours, il a plus d'autorité ; les élèves s'attendent toujours à une révélation de sa part. C'est à ce moment que l'enseignant devient un modèle pour les élèves. Un modèle, car les enfants apprennent de lui comment garder un secret dans la vie et l'autorité que cela apporte. Dans leur famille respective, dans leur profession, ils useront de ce qu'ils ont appris de leur enseignant.

Dans la pédagogie, si l'enseignant perd son mystère, il n'a plus d'autorité. Le mystère et le charisme font du maître un modèle pour les enfants.

L'IMPORTANCE DES VALEURS MORALES ET SOCIALES

La vie sociale est le fondement de toute nation. Il suffit de deux personnes pour que la vie communautaire commence. Pour que les deux personnes s'entendent, il faudra bien certaines valeurs : ce sont pour notre part les valeurs sociales et morales. Nous pensons que ces valeurs sont au début de toute relation humaine. L'éducation chez l'enfant doit avoir pour priorité les valeurs morales. Certaines valeurs morales sont éternelles et traversent des générations. C'est pour cette raison qu'il faut en faire une priorité. Les enfants doivent s'en imprégner pour pouvoir vivre d'une manière paisible dans la société. Les valeurs telles que le triomphe, la liberté, l'excellence, la vérité, la paix, sont importantes dans l'éducation de l'enfant car elles sont éternelles.

Certaines personnes qui ont manifesté une vie morale rigoureuse sont devenues très célèbres :

- Gandhi

Il a usé de la non-violence pour mener l'Inde à l'indépendance. Sans avoir été ni président ni milliardaire, il demeure sans doute le personnage le plus célèbre de l'Inde.

- Martin Luther King

Par son courage et son sens de l'égalité humaine, il est devenu l'un des Américains les plus célébrés du monde.

- Mère Térésa

Pour son assistance auprès des nécessiteux, elle est l'une des femmes les plus connues de son temps.

Ces personnalités doivent être étudiées afin qu'elles servent de modèles excellents pour les enfants.

Les valeurs morales sont des valeurs qui créent l'unité d'un peuple. L'unité fait la force du pays, ensuite survient la prospérité dans tous les domaines.

RÔLE DE LA JUSTICE ET DU DROIT DANS L'ÉDUCATION

Pour éviter la barbarie dans la société, les pays se sont dotés de lois qui permettent aux individus de vivre dans la cohésion sociale : ce sont les lois de droit et de justice. Dire : « nul n'est censé ignoré la loi » signifie que tout le monde est appelé obligatoirement à appliquer la loi. Celui qui ne le fait pas encourt une sanction. Nous pensons que la loi est juste et bonne mais il faut la perfectionner par la rééducation des personnes qui commettent des délits ou des crimes. Quel que soit le délit commis, nous pensons que l'auteur a un véritable problème au plus profond de son être, un mal qui le pousse à commettre des actes illégaux. C'est ce mal que la loi doit permettre d'éliminer pour être plus efficace. C'est à ce mal qu'il faut plutôt s'attaquer. Nous pensons qu'il faut armer nos sociologues, psychologues et criminologues d'une pédagogie qui permettra de socialiser ces personnes. Il faut donc affecter, en plus de certains religieux qui passent souvent dans les prisons, des psychologues, sociologues et criminologues comme cela se fait pour les enseignants. Chaque détenu doit être entendu et testé régulièrement par un comité d'écoute et d'évaluation composé d'un criminologue, un sociologue, et un psychologue. Le comité doit avoir de solides arguments pour proposer la réinsertion du détenu. La vérité sera très importante dans l'évaluation du détenu. Il doit montrer qu'il est sincère et qu'il vit désormais sans hypocrisie. La pratique de la vérité est pour nous l'élément fondamental pour éradiquer le mal qui habite le détenu. Il faut aussi s'assurer dans l'évaluation que le détenu ne recommencera plus son acte : la loi est ainsi perfectionnée par l'éducation. Les peines ne doivent pas faire la force de la loi mais plutôt la loi doit être éducative. Elle doit permettre de récupérer un individu qui semble perdu pour la société. Désormais, l'individu qui sort de prison doit être capable de s'engager à ne plus y retourner. Le rôle de la justice sera donc de récupérer, comme elle peut, ceux qui ont commis des fautes et de faire en sorte qu'ils s'engagent à ne plus recommencer.

L'autre rôle de la justice est de témoigner de la vérité. C'est la vérité qui donne une puissance à la justice.

Lorsque la justice ne témoigne pas de la vérité, elle devient partiale.

Qu'est-ce qui fait que la justice ne rend pas un témoignage à la vérité ?

Lorsque la justice est sous l'emprise des autorités ou des riches, elle devient faible. Soit elle exécute les ordres des personnalités au pouvoir, soit elle se laisse corrompre par les riches. Il s'en suit qu'elle rend souvent un verdict faux en condamnant des innocents. Elle rend témoignage contre la vérité qu'elle doit défendre et élimine ceux qu'elle devait protéger, c'est-à-dire ceux qui disent la vérité. Elle perd sa légitimité et sa dignité. Personne n'a confiance en elle car elle a perdu sa force éducative qui est la vérité. La justice devient éducative lorsqu'elle témoigne de la vérité. Elle donne un sens à la vérité qui est une valeur morale très importante dans l'éducation d'un individu.

LES SPÉCIALITÉS DANS L'ÉDUCATION

Les spécialités dans l'éducation sont très importantes pour l'enfant. Le choix qu'il fait est un choix indépendant fondé sur la passion qu'il a pour la matière. Cela permet à l'enfant d'acquérir des connaissances dans le domaine qu'il aime.

Les spécialités telles que la théologie, les sciences juridiques et politiques doivent permettre de valoriser les talents intellectuels de l'enfant. Elles sont chargées de donner à l'enfant une éducation spécifique en vue d'une carrière précise.

Nous proposons, face aux crises politiques qui entraînent souvent des conflits graves, la création d'un conseil politique chargé d'instruire la masse. Car le plus souvent c'est l'ignorance en matière politique qui conduit aux blocages dans les pays sous- développés.

Au reste, selon la Sainte Bible, certaines personnes, par leur intimité avec Dieu, leur consécration, ont valorisé leurs talents.

Instruits et éduqués par Dieu, ils ont manifesté une intelligence supérieure.

Quelques exemples :
- Moïse, après l'Egypte, a été instruit par Dieu au sujet des lois. Il a organisé d'un point de vue légal toutes les activités d'Israël. Nous pouvons affirmer qu'il est le précurseur des droits de l'homme. Aussi la majeure partie des pays du monde a-t-elle pour fondement en droit les lois créées par Moïse. C'est dû, selon les Saintes Écritures, à sa consécration à Dieu et non à ce qu'il a appris à l'école égyptienne.
- En matière de stratégie de guerre, très peu de personnes peuvent se comparer à cet analphabète de Josué. Il utilisait la surprise ou l'embuscade pour éliminer ses adversaires. Il semble être avec Moïse l'initiateur des services secrets ou d'espionnage. Il fut instruit par Dieu et a valorisé ses talents par un dévouement à son Seigneur.
- Pour terminer, nous revenons à Esther, un stratège en politique. Par ses actions coordonnées, elle a sauvé le peuple en mettant fin au mauvais projet de la deuxième personnalité du royaume, Haman. L'intimité avec Dieu a permis à cette reine de développer un talent indéniable en stratégie politique.
L'intuition et l'imagination sont des fondements précieux pour Dieu, elles permettent de valoriser les talents qu'il a placés en chacun de nous.

Chapitre IV : SÉCURITÉ

La recherche scientifique est un élément moteur dans le développement d'un pays. La science contribue à l'épanouissement de l'homme, ce qu'a toujours désiré Dieu. Ainsi comme dans les autres domaines, la sécurité a-t-elle besoin de recherche scientifique pour assurer la sécurité de l'État. Dans cette étude, nous proposons un nouveau concept de génie militaire qui repose sur la recherche scientifique pour la sauvegarde de l'État : nous donnons des pistes de recherches en matière d'espionnage qui constitue une véritable puissance dans la sécurité de l'État.

Nous pensons qu'une armée doit avoir une branche spéciale et scientifique qui constitue le service d'espionnage. De même qu'il a des délégations et des ambassades, un État puissant a des espions dans des pays ciblés.

L'espion : c'est quelqu'un qui est envoyé dans un pays, afin de transmettre des informations très importantes de ce lieu à son pays d'origine. L'espionnage est un grand risque pour celui qui le pratique car il peut y perdre la vie. C'est pour cette raison qu'il faut une formation d'élite pour ces individus dans les forces armées.

- Nous pensons que la formation nécessite la connaissance et l'usage des techniques de communication performantes. En ce qui nous concerne, nous pensons que la technique performante est celle des signaux. En effet, certains insectes communiquent facilement et d'une manière simple et **performante par des signaux.**

Nous avons les **signaux acoustiques** c'est-à-dire différents cris comme chez les grillons (il signale sa présence ou appelle sa femelle).

Nous avons les **signaux visuels** comme pour le papillon.

Nous avons les **signaux tactiles** : les fourmis et les abeilles qui s'informent par le toucher ou la danse.

Nous avons les signaux chimiques : certains insectes laissent des traces sur leur chemin pour donner leur situation géographique à leurs compatriotes.

Nous pensons que les signaux doivent permettre à une armée de développer sa communication secrète.

Enfin, nous avons les signaux électromagnétiques : cela nécessite différents types d'antennes. Elles sont nécessaires à l'émission et à la réception des signaux électromagnétiques, télévisuels, téléphoniques et radars. Elles permettent de détecter des dangers extérieurs au pays ou aux différentes institutions de l'État.

Qu'est- ce qu'un soldat formé à la guerre ?

Un soldat formé à la guerre, c'est celui qui apprend à ne pas s'embarrasser des affaires civiles : le mariage, son avenir, l'argent. Il se sacrifie pour la nation.

Il faut que la formation apportée au soldat lui enlève la peur, l'encourage à l'esprit de sacrifice et à l'obéissance à son chef hiérarchique. Il apprend à massacrer son adversaire pour la sauvegarde de sa patrie.

Le soldat doit toujours comprendre et être convaincu qu'il va au combat pour gagner quel que soit l'adversaire. Nous avons aussi besoin d'aumôniers militaires : ils ont la capacité de prévoir le bien dans une guerre et de suggérer des stratégies à leur supérieur.

Quelles stratégies efficaces pour la guerre ?

La stratégie la plus efficace est la surprise. La surprise déséquilibre l'adversaire.

Deux techniques de surprise :
- l'embuscade
- l'attaque au moment où l'adversaire s'y attend le moins possible.

Il faut aussi que les militaires maîtrisent l'outil informati-que. À partir des NTIC, il faut développer de nouveaux types d'informations efficaces.

CONCLUSION

La sagesse dans l'armée, c'est la capacité à faire
des plans pour détruire son adversaire.
Une armée qui se veut puissante doit utiliser
des techniques de communication performantes.

La sécurité dans un pays est très importante. Elle permet aux habitants de vaquer à leurs occupations sans peur. Pour nous la sécurité d'un pays est liée à l'espionnage.

Nous essayerons de montrer l'importance d'avoir un système d'espionnage pour la sécurité effective du pays. Deux animaux vont nous intéresser dans cette étude : il s'agit du chimpanzé et du cafard.

Le chimpanzé, selon des études scientifiques, est l'animal le plus intelligent des primates après l'homme. Il a des comportements simples et plus mécaniques que l'homme. Il fait preuve d'un jugement spontané proche de ce que nous appelons la raison. Il a une vision photographique qui lui permet de se déplacer facilement de branche en branche. Les chimpanzés communiquent grâce à un petit son et à des gestes. Ils sont très rusés, comme le dit ce proverbe : « On n'apprend pas à un vieux singe à faire la grimace », cela pour dire qu'on n'apprend pas les ruses à un homme plein d'expérience. L'intelligence du singe fait de lui un animal très rusé. Dans la forêt, à l'approche d'un homme ou d'un ennemi, le chimpanzé est le premier à le détecter par sa vision photographique et d'un geste symbolique, informe tous les animaux de ce lieu. Il aide souvent certaines proies des fauves à s'échapper en poussant des cris d'avertissement. C'est cette intelligence, énorme grâce à une forte intuition, qui permet aux chimpanzés de protéger les animaux dans la forêt. Ce travail du chimpanzé est l'équivalent du travail de l'espion, de l'homme de sécurité.

L'espion, l'homme de sécurité, doit avoir certaines caractéristiques qu'a le chimpanzé :

- être capable de faire preuve d'un jugement immédiat juste grâce à une forte intuition.

- être très rusé

- avoir des comportements de communication simples et mécaniques

- avoir le désir de sauver un homme ou son pays.

L'un des plus grands stratèges en matière d'espionnage fut

sans aucun doute Himmler Heinrich. Nous vous faisons ici son portrait.

Homme politique[1] et Reischführer-SS, fils de professeur, filleul du prince Heinrich de Bavière, Heinrich Himmler a été élevé, selon les méthodes de l'époque, dans une famille catholique très pratiquante, qui ne plaisantait pas avec la morale et les convenances bourgeoises, et dans l'amour et le respect de la patrie allemande. Docile, affectueux, respectueux, il fit de solides études et se destina à la carrière d'officier. La Première Guerre mondiale n'interrompt pas ses études. Il doit attendre 1917 avant d'être admis à s'engager et fait ses classes dans le 11e régiment d'infanterie de Bavière; il suit ensuite un cours d'élève-officier à Freising (Allemagne), puis un cours de canonnier à Bayreuth (Allemagne). Deux mois après il est démobilisé avant même son arrivée au front. Plus tard, il prétendra avoir conduit les hommes au combat pendant la Première Guerre mondiale. Himmler décide alors de se tourner vers l'agronomie. Après avoir travaillé dans une ferme-école aux environs d'Ingolstadt (Allemagne), il s'inscrit à l'université de Munich (Allemagne) pour poursuivre ses études d'agronomie et devient ingénieur à vingt et un ans.

Cette année-là, il rencontre le capitaine Röhm qui fait sur lui une grande impression et le convertit à ses vues politiques. En août 1923, il adhère au NSDAP d'Adolf Hitler. En novembre, il participe au putsch de Munich (Allemagne) aux côtés de Röhm, mais il n'est pas poursuivi par la justice. C'est alors qu'il rencontre Gregor Strasser, qui le prend en qualité de secrétaire du Mouvement National-socialiste pour la liberté, qui remplace la NSDAP interdite. En 1925, Himmler travaille pour Gregor Strasser en collaboration avec Joseph Goebbels. Cette même année, Himmler entre à la SS (sous le numéro matricule 168) que Hitler vient de fonder. Dès ce moment, Himmler va vouer à Hitler une admiration, une soumission et une fidélité qui ne se démentiront que dans les tout derniers jours de la Seconde Guerre mondiale. «Henri le Fidèle» (der treue Heinrich), comme l'appelle Hitler, est à la fois le confident des projets les

---

1 **Source: www.seconde-guerre.com/biographies/biographie-n-himmler.html**

plus secrets du Führer et son exécuteur des hautes œuvres, mais il n'appartiendra jamais au cercle de ses amis intimes.

Heinrich Himmler est doté d'une personnalité très difficile à saisir. Ceux qui l'ont connu de son vivant avaient peine, après l'avoir vu, à le décrire. Il y a autant de portraits de Himmler qu'il y a de témoignages : « Une application d'écolier borné, mais aussi quelque chose de méthodique comme peut l'être un automate » (Karl J. Burckhardt) ; « un bon maître d'école, certainement pas un chef » (général Walther Dornberger, « père des V 1 ») : « froid, calculateur, avide de pouvoir, mauvais génie de Hitler, l'individu le plus dénué de scrupules du IIIe Reich » (général Friedrich Hossbach) ; « jamais je n'ai pu accrocher son regard toujours fuyant et clignant derrière son pince-nez » (Alfred Rosenberg) ; « cet homme n'avait rien de diabolique. Courtois, non dépourvu d'humour, il aimait à jeter de temps à autre un mot d'esprit pour détendre l'atmosphère » (comte Bernadotte).

Himmler monte rapidement dans la hiérarchie de la NS-DAP : gauleiter en Basse-Bavière (1925), gauleiter en Bavière et en pays souabe (1926), directeur des services de propagande du Reich (1926). Le 6 janvier 1929, Adolf Hitler lui confie la SS dont il devient Reichsführer. Il va en faire le terrible Ordre noir avec sa police politique (Gestapo), son service de renseignements, son organisation de camps de concentration, son service pour la race et la colonisation, son armée (la Waffen SS) et son parti dans le parti (L'Allgemeine SS, la SS générale), etc.

Capable de fournir un immense travail, mais comme un automate routinier, son fanatisme, d'apparence glacé, est profond, tumultueux et sincère. Il croit fermement à ce qu'il dit et ne recule devant aucun crime pour réaliser les objectifs que lui fixe son Führer. Tout au long de l'histoire du IIIe Reich, son nom apparaît souillé de tortures, de sang et de férocité. Chef suprême de toutes les polices en 1938, il devient ministre de l'Intérieur en novembre 1943. Il fait régner la terreur non seulement en Allemagne mais dans toute l'Europe occupée. Après l'attentat manqué contre Hitler le 20 juillet 1944, il reçoit le commandement de toutes les forces armées de l'intérieur.

Le 23 avril 1945, il rencontre le comte Bernadotte à Lübeck (Allemagne) et lui annonce que, Hitler étant sur le point de mourir, il prend le pouvoir et se tient prêt à négocier la capitulation de l'Allemagne. Hitler, l'ayant appris, révoque Himmler qui gagne le Schleswig où il sera arrêté par les Anglais. Son suicide lui permet d'échapper au jugement du Tribunal militaire international de Nuremberg.

Tout pays a donc besoin d'un stratège en sécurité (espionnage) pour protéger la nation contre toutes sortes d'événement.

L'autre animal qui retient notre attention est la blatte ou cafard. C'est un petit insecte de forme ronde et aplatie, sortant la nuit ; il en existe environ 3500 espèces, dont certaines envahissent nos habitations ; ils n'ont pas tous des ailes, mais, même les espèces qui en sont dotées ne volent pas systématiquement. Ils vivent dans des habitats diversifiés comme le compost, les zones humides bordant les chutes d'eaux ou les cavernes abritant les chauves-souris. Principalement nocturnes, ils sont sensibles à la lumière. Leurs antennes et leurs poils leur permettent de détecter la nourriture et l'eau. Les cerques (structures sensorielles protubérantes situées à l'arrière de l'abdomen) sont sensibles aux infimes déplacements d'air. Ces organes permettent aux blattes de détecter un éventuel danger et de s'échapper en moins d'un dixième de seconde.

À la différence du singe qui utilise son intelligence, le cafard, qui est souvent dans les lieux très sales, est très équipé : des antennes, des poils, des cerques qui lui permettent de détecter une présence. Malgré la présence d'une image d'yeux, ce sont plutôt ses antennes qui captent et discernent la présence d'un ennemi. Par cette étude du cafard, nous voulons montrer à quoi on doit tendre s'agissant de la formation d'un espion et de l'importance d'un équipement d'espionnage ; de même que le cafard, l'espion doit se soumettre à une formation qui lui permette de s'adapter à toutes situations : les lieux sales, les endroits humides ou désertiques, les casernes, etc., tout endroit inapproprié à la collectivité. Il doit aussi être très rapide devant un éventuel danger. Le plus important dans l'étude du cafard, c'est son équipement. L'espion doit être très équipé, car c'est un métier de vie ou de mort. Un pays doit surtout doter son service d'espionnage et de sécurité d'appareils capables de discerner les dangers qui l'approchent mais aussi de veiller sur la sécurité des responsables, les autorités du pays. Certains pays ont des agences de sécurité comme la CIA aux USA. Nous voulons parler de l'illustre agence de sécurité qu'est le KGB.

Avec la CIA, le KGB est le service de sécurité qui aura sans aucun doute laissé l'empreinte la plus profonde dans l'histoire mondiale du renseignement. Dans les dernières années de son existence, cet organisme aurait employé près de 486 000 personnes, dont 217 000 gardes-frontières. Il aurait bénéficié des bonnes grâces de plus d'1 million « d'honorables correspondants ».

Le KGB peut-être comparé à une sorte de paquebot de l'espionnage. Une organisation monstrueuse vouée à la surveillance de tout et de tout le monde, plus encore à l'intérieur des frontières de l'URSS qu'à l'étranger.

Pour l'occidental non-initié, le KGB évoquait l'agent secret qui, tel le bernard-l'hermite s'appropriant un coquillage, investissait les ambassades et les représentations soviétiques à l'étranger pour les transformer en de notoires repaires d'espions. Contrairement à ce que veut notre perception occidentale de l'espion, le KGBiste n'était pas perçu comme un « homme de l'ombre » dans son pays. Il existait un uniforme du KGB qui était couramment porté, et l'appartenance à cet organisme était perçue comme une distinction sociale qui procurait avantages, respect et crainte d'autrui, et pouvait même faciliter les demandes en mariage… A l'inverse de la plupart des services secrets occidentaux, le KGB recrutait de préférence dans les milieux modestes et ouvriers. Il fallait être un marxiste convaincu pour faire un bon KGBiste. Ces critères de recrutement auront fait des agents du KGB des personnages notoirement « durs », souvent rustres et manquant de finesse. Les agents du KGB fins et cultivés correspondant mieux à notre perception du « super » agent secret ne représentaient qu'une petite minorité regroupée au sein de la première Direction, elle-même essentiellement chargée des activités à l'extérieur des frontières. Mais n'oublions pas l'existence de ce que l'on a appelée la « nomenklatura », caste des puissants du pays et de leurs enfants que l'on rencontre dans presque tous les pays du globe. Il y avait beaucoup de « pistonnés » au sein du KGB ; et ces derniers occupaient surtout la première Direction.

Le trigramme KGB n'est pas près de disparaître de la mémoire collective. Selon les individus, il évoque la puissance, le dégoût, le respect, l'intolérance, l'ordre et la discipline, la violence brutale, l'omniprésence, la persécution, la prison, la torture, la mort... Bien plus encore que le renseignement, la mission prioritaire du KGB était de contrôler et de surveiller l'ensemble de la société soviétique. Il restera pour beaucoup de gens une armée secrète et impitoyable composée d'idéologues fanatiques et de tâcherons sans humour au service de l'absurde.

Durant ce qu'on a appelé les « Purges staliniennes », le KGB – qui ne s'appelait pas encore ainsi – procéda à l'exécution d'environ 3,5 millions de personnes, sur la simple présomption d'idéologie contre-révolutionnaire... À la différence des Juifs, ces millions d'innocents ont déjà été oubliés, et le souvenir de leur tragédie semble bien peu intéresser les médias.

On retrouve l'archétype du KGBiste dans tous les best-seller noirs du genre fantastique : *1984*, *Brazil*, *Fahrenheit 451*, *Le meilleur des mondes*, par exemple. C'est aussi pour toutes ces raisons qu'il a exercé une certaine fascination dans notre société occidentale. Sa lutte tous azimuts pour porter le communisme aux nues fut telle qu'elle donna lieu en France à cette boutade fort populaire dont on usait pour expliquer les incidents et les pannes inexpliqués : « C'est encore un coup du KGB... »

Est-il possible d'énumérer de manière exhaustive toutes les activités du KGB dans un article de magazine ? Sûrement non. Voici donc les principales connues. Le KGB était responsable de la sécurité et des intérêts de l'Union Soviétique, à l'intérieur comme à l'extérieur des frontières, ce qui sous-entendait indistinctement la surveillance des frontières, la lutte contre le crime organisé et le terrorisme, la lutte contre l'opposition politique intérieure et bien sûr la recherche du renseignement à l'extérieur des frontières dans les domaines militaire, scientifique, technologique, politique, stratégique, économique...

On retrouvait le détail de ces missions générales dans les organigrammes des quelque 15 Directions qui formait le KGB durant les dernières années de son existence. Nous citerons les plus importantes :

- • - la 1ère Direction Principale (PGU), la plus prestigieuse, était chargée du renseignement extérieur,
- • - la 2e Direction Principale (VGU) était en charge de la sécurité intérieure et du contre-espionnage en URSS,
- • - la 3e Direction était chargée de la sécurité au sein des forces armées.
- • - la 5e Direction était chargée de la lutte contre la dissidence et comprenait le personnel affecté aux goulags et aux hôpitaux psychiatriques.
- • - 6e ?
- • - la 7e Direction était chargée de la surveillance des étrangers en résidence sur le territoire soviétique. Il s'agissait principalement de la surveillance des personnels d'ambassades. Pour autant, c'est curieusement, à cette direction qu'était rattachée la célèbre unité d'élite antiterroriste « Alpha ».
- • - La 8e Direction (équivalent de la NSA aux États-Unis) était chargée des transmissions et de leur sécurité ainsi que du renseignement électronique, en collaboration avec la PGOU.
- • - la 9e Direction était responsable de la sécurité des personnalités importantes et de la garde du Kremlin.
- • - la 15e Direction était chargée de la sécurité des installations sensibles telles que les sites de lancement de missiles nucléaires, les dépôts d'armes et de munitions, les bases aériennes stratégiques et sous-marines.

Il existait également une Direction de la Technique Opérationnelle, qui était chargée de la conception des matériels techniques utilisés par l'ensemble du personnel du KGB.

Ces directions étaient composées de départements et services plus spécialisés encore. Ainsi, on pouvait savoir, par exemple, qu'un agent du 5e Département de la première Direction principale était un agent qui pouvait être chargé de la collecte des informations en France, en Espagne, en Italie, au Portugal ou au Luxembourg.

Revenons un instant sur la 8e direction. À cette heure où le réseau de stations d'écoute « Échelon » est un sujet de curiosité et d'étonnement, on pourra apprécier, peut-être mieux encore la dimension du « soviet'chelon ». Au début de l'ère Gorbatchev, le réseau soviétique d'écoutes des télécommunications couvrait le monde entier, avec une acuité toute particulière à l'égard d'objectifs militaires. Le personnel affecté à cette tâche se décomposait en 40 régiments, 170 bataillons et plus de 700 unités d'écoute et d'interception… Durant les vingt années qui suivirent le lancement de Kosmos 189, en 1967, l'Union Soviétique envoya dans l'espace plus de 130 satellites d'interception des communications, pour répondre aux objectifs du Directoire du renseignement spatial du GRU, basé à Vatuniki, à 50 kilomètres au sud-ouest de Moscou. La 16e Direction du KGB, disposait de stations dans les missions diplomatiques de plus de 60 pays. Ces stations ne faisaient que de la collecte dont les éléments étaient expédiés au centre de traitement informatique de Kountsevo, dans la banlieue de Moscou. Le KGB et le GRU se partageaient par ailleurs la gestion des écoutes dans d'autres pays du bloc soviétique et dans des pays amis. Les plus grandes de ces stations d'écoute étaient installées à Lourdes en l'Ile de Cuba, dans la périphérie d'Aden, au sud Yemen et dans la baie de Cam Ranh, au Viêt-Nam. Il faut ajouter à cela une flotte de 60 navires de surface (dont les célèbres «chalutiers») et environ une vingtaine d'aéronefs de différents types. Bien évidemment, il faut comprendre que tout ce matériel n'a plus le niveau requis pour intercepter et décrypter les télécommunications du XXIe siècle et les budgets d'entretien et de renouvellement n'ont rien à voir avec ceux des États-Unis.

Les espions d'élite, chargés des missions délicates, dépendaient du Département 1 de la Direction «S» de la Première Direction. Mais le plus grand département de la Direction «S» était aussi l'un des plus étonnants. C'était celui qui était chargé d'établir les fausses identités et d'élaborer les activités de couverture pour les agents devant partir en mission à l'étranger. Les faux papiers d'identité, passeports et autres pièces justificatives qui y étaient confectionnés faisaient l'objet d'une minutieuse préparation, d'enquêtes et d'investigations en généalogie, en droit, en culture et histoire étrangère…

Le siège du KGB fut pendant très longtemps installé dans un bâtiment comprenant une prison. On appelait familièrement ce bâtiment et cette prison, la «Loubyanka», en raison du nom de la rue auquel il se trouvait: 2, oulitsa Bolchaya

Loubyanka, à l'angle de la place Dzerjinski, à Moscou. Par la suite, en 1972, des départements furent déplacés à l'extérieur de la ville. La première Direction (PGU) déménagea à Yassenevo, au delà du périphérique moscovite. Les agents qui y travaillaient appelaient familièrement ce lieu le « Bois ». Le centre informatique du renseignement électronique élut domicile à Kuntsevo, au nord-est de Moscou.

Les opérations connues du KGB sont fort nombreuses et couvrent de multiples domaines : exécutions, retournement d'agents, chantages, désinformation et intoxication… En voici quelques-unes concernant l'aspect humain du renseignement (HUMINT). Les six « taupes » opérant au plus haut niveau du renseignement et de l'administration britannique Guy Burgess, Kim Philby, John Cairncross, Anthony Blunt, Donald MacLean et Georges Blake, célèbres espions anglais, que l'on a baptisés les « magnificent five », trahissaient tous par conviction, et non pour de l'argent. Et c'est précisément ce dernier détail qui fit de ces espions, pour les Russes, des agents de grande valeur. Les postes « stratégiques » qu'ils occupaient ont permis aux politiciens soviétiques d'être au fait des plus grands secrets de la défense et de la diplomatie anglaise pendant plusieurs dizaines d'années… À l'inverse, la non moins célèbre « taupe », Aldrich Ames, responsable du contre-espionnage chargé de la surveillance des agents soviétiques au sein de la CIA, trahissait pour de l'argent. En quinze années, Ames aurait touché environ un demi-million de dollars en échange de ses services. Ce n'est que le train de vie d'Ames, un peu en décalage avec ses revenus officiels, ainsi qu'une rumeur persistante faisant état d'une taupe soviétique au sein de la CIA qui ont permis de le démasquer. C'est encore le KGB qui finança la plupart des mouvements terroristes dans les années 80. C'est toujours le KGB qui lança de vastes campagnes de désinformation et de manipulation de l'opinion publique en Occident (voir la rubrique « Dossier spécial » de ce même numéro). En la matière, le KGB est à l'origine des courants antimilitaristes en Occident et fut à l'origine de la campagne pacifiste, lancée en décembre 1979, pour contrer la décision de l'OTAN de déployer en Europe des missiles Pershing 2.

Le nom de Dzerjinski revient souvent dès que l'on parle du KGB. C'est le nom de la place à laquelle faisait face le quartier général des services secrets soviétiques. Cela ne doit en rien au hasard puisque Feliks E. Dzerjinski, un fidèle de Lénine, reçut mandat de ce dernier, le 20 décembre 1917, pour créer un organe ayant pour mission de détecter et de mater les forces contre-révolutionnaires. Cet organe prit le nom de Vserossiskaya Tcherzvytchaynaya Komissiya Po Borbes S Kontrrevolutsiey I Sabotagem (VTchK) que l'on peut traduire par Commission Pan-russe pour la Lutte contre la Contre-révolution et le Sabotage. Comme tout cela était un peu long à mémoriser et était d'une grandiloquence toute léniniste qui manquait un peu de retenue, on l'appela rapidement la « Tchéka ». La Tchéka, qui ne pouvait partir de rien pour remplir sa mission dans les meilleurs délais, consentit à lancer ses activités avec le concours des officiers de l'Okhrana (Sécurité), la police secrète du tsar déchu.

Le 30 août 1918, le président de la Tchéka pour la ville de Petrograd (Saint-Petersbourg), Moïsseï S. Ouritski, se fit assassiner. En réponse, la Tchéka déclencha le 2 septembre ce que l'on appellera la « Terreur Rouge » une élimination systématique des contre-révolutionnaires.

Durant les années 20, la Tchéka utilisera les Tchasti Osobovo Naznatcheniya (TchON) (Détachements Spéciaux) du Parti pour combattre la révolte des basmatchis en Asie centrale.

Pour l'instruction des services spéciaux de la Tchéka, des TchON, de l'Armée Rouge et des révolutionnaires venus de l'étranger, un camp d'entraînement sera construit à Tachkent, en Asie centrale.

En 1921, Félix Dzerjinski cumulait les mandats de président de la Tchéka, Commissaire du Peuple de l'Intérieur et Commissaire aux Voies de Communications (*sic*).

Le 7 février 1922, la Tchéka fut dissoute pour être remplacée par la GPU (se prononce « guépéou ») (Direction Politique d'État), organisation subordonnée au NKVD (Commissariat du Peuple de l'Intérieur) lui même placé sous l'autorité de Dzerjinski.

En 1923, la GPU changea de nom pour OGPU (Direction Politique d'État Unifiée).

En 1926 Vyatcheslav R. Menjiski succéda à Alexis Dzerjinski à la tête de l'OGPU. Son adjoint, Genrikh G. Yadoga, homme de confiance de Staline, sera en réalité le véritable patron de l'OGPU. C'est lors de cette période que l'OGPU acquit un pouvoir considérable et devint l'outil de la répression en Union-Soviétique, privilégié par Joseph Staline. Pour autant, Staline, qui, comme tout bon dictateur, devint paranoïaque, déclencha ce que l'on a appelé les « purges staliniennes ». Secondé par Lavrentii, P. Bérya qui redoublait de zèle pour s'efforcer de garder sa confiance, Staline fera « disparaître » près de vingt mille hommes de la Tchéka lors des années trente.

En 1934, l'OGPU fit place au GUGB (Direction Principale de la Sécurité d'État) et devint l'une des directions principales du NKVD.

En février 1941, les attributions du GUGB furent réparties entre le NKVD et le NKGB (Commissariat du Peuple de la Sécurité d'État). Ces deux organismes furent à nouveau placés sous la responsabilité de Berya.

Lors de la seconde guerre mondiale, le NKVD et le NKGB furent chargés de la sécurité des arrières soviétiques et des actions de sabotage en arrière des lignes allemandes. Le NKVD et le NKGB assureront la création et le pilotage de près de 2000 « groupes opérationnels » qui vinrent en renfort des partisans.

En 1946, le NKVD devint le MVD (Ministère de l'Intérieur) et le NKGB devint le MGB (Ministère de la Sécurité de l'État). Le MVD et le MGB étaient les acteurs principaux de la chasse aux collaborateurs et aux activistes nationalistes anti-communistes en URSS.

En 1947 commença l'ère du service de renseignement soviétique à proprement parler. Aux États-Unis, au même moment, la CIA venait d'être créée. Les organes de renseignement extérieurs du MGB et du G.R.U (Direction Principale du Renseignement), les services de renseignement militaires furent regroupés en un seul organisme appelé KI (Comité d'Information). L'objectif de ce rapprochement était de combiner le renseignement humain et le renseignement électronique. L'expérience fut un fiasco et les deux services furent à nouveau séparés l'année suivante.

Le 15 mars 1953, dix jours après le décès de Staline, le MGB et le MVD fusionnèrent sur décision du Comité Central du Parti, du Soviet Suprême et du Conseil de Ministres. La nouvelle entité fut une fois de plus placée sous la responsabilité de Berya. En juin de cette même année, Berya tenta de prendre le pouvoir de force. L'entreprise échoua et Berya « disparut ». Cet incident fera perdre au MGB son statut de ministère. Il devint subordonné au Conseil des Ministres le 13 mars 1954. C'est en cette occasion qu'il prit la désignation de KGB du Conseil des Ministres de l'URSS.

Le 5 juillet 1978, on redonna au KGB son statut ministériel en l'établissant en temps que Comité d'État de l'URSS. Le KGB fut placé sous le contrôle direct du Premier secrétaire du PCUS et du Conseil de la Défense, l'organe suprême de l'URSS. Le KGB devint alors un « État dans l'État ».

Vers la fin des années 80, au moment de l'effondrement du système communiste soviétique, la démocratie naissante s'accommodait mal de ce KGB au passé chargé. Le 29 novembre 1990, le parlement obligea le KGB à publier un certain nombre de directives secrètes relatives aux droits des citoyens.

En décembre 1990, un département spécialisé dans la lutte contre le crime organisé fut créé au sein du KGB. Cette nouvelle prérogative incombait exclusivement auparavant au MVD, le Ministère de l'Intérieur. Ce fut le premier signe extérieur d'un profond bouleversement de la philosophie et des préoccupations du KGB.

Pourtant, il était à cette époque fortement question de dissoudre le KGB pour en faire plusieurs services. Le 30 septembre 1991, Yevguenyy Primakov fut nommé chef de la première direction principale du KGB par Mikhaïl Gorbatchev, avec pour mission de planifier la création d'un futur service de renseignement extérieur. Cette transformation des services spéciaux soviétiques en services de sécurité de la Russie feront peut-être un jour l'objet d'un vaudeville.

Une dizaine de jours plus tard, le 11 octobre 1991, le KGB fut dissout par le Conseil d'État, et remplacé le 24 octobre par de nouveaux services placés sous la responsabilité de différents ministères.

• - le Tsyentral'naya Sloujaba Razviedki (TSR), (Service Central de Renseignement). Créé à partir de la Première Direction Principale du KGB et dirigé par Primakov, le TSR était un organisme de renseignement extérieur et de coordination des services de sécurité des principales républiques de la nouvelle Communauté des États Indépendants (CEI)

• - le Myejdouriespublikaya Sloujba Biezopasnosty (MSB), (Service Inter républicain de Sécurité), dirigé par Vadim Bakatine, était chargé du contre espionnage intérieur et de la lutte contre la grande criminalité)

• - le Comité pour la Surveillance des Frontières d'État (KOGG), reprit la mission de l'ex-Direction Principale des Gardes-frontières du KGB (GUPV-KGB) et conserva son chef précédent, le colonel-général Yakovlevitch Kalinitchenko.

• - la Federal'naya Agentura Pravitel'stennikh Svyazeï i Informatsii (FASPI), (Agence Fédérale pour les Communications Gouvernementale et l'Information), fut le successeur des 8ème et 16ème Directions du KGB, chargée du renseignement électronique, des transmissions et des moyens cryptographiques. Placée sous la responsabilité du lieutenant général Aleksandr Starovoïtov, et disposant de multiples stations d'écoutes, elle pouvait être considérée comme l'homologue de la NSA américaine.

• - le Glavnoïe Razviedivatel'noïe Upravlenye (GRU),

(Direction Principale du Renseignement), qui fut pendant très longtemps l'organe de renseignement militaire de l'URSS fut toutefois conservé.

Un organisme de coordination de l'action des trois services «civils» sera tout de même créé à l'occasion de cette restructuration par un décret de M. Gorbatchev. Il s'agissait du Conseil de Coordination des Services de Sécurité, qui inclut le chef du MSB.

Le 26 novembre 1991, par un décret du nouveau Président Boris Eltsine, la Russie créa plus formellement son service de sécurité baptisé Agentsvo Federal'noï Biezopasnosti (AFB), (Agence de Sécurité Fédérale). Son premier directeur était le général Viktor Ivanenko. L'AFB comprenait une Direction des Renseignements Extérieurs, elle même placée sous la responsabilité du major- général V. Fisenko, en décembre 1991.

L'AFB fut subordonnée à l'Office du Président de la Russie et placée sous le contrôle du Parlement de Russie.

Début décembre de cette même année, le KOGG fut remplacé par Les Troupes de Gardes-frontières de la CEI qui se trouvèrent elles-mêmes placées sous la responsabilité du Ministère de la Sécurité (MB) le 13 juin 1992. Le chef des gardes frontières était alors le lieutenant-général Schyachtine qui deviendra par la même occasion Ministre de la Sécurité.

Le 19 décembre 1991 le président Boris Eltsine, crée le Ministerstvo Biezopasnosti i Vnoutrennykh Dyel' (MBVD), (Ministère de la Sécurité et de l'intérieur). Ce ministère avait pour fonction de centraliser tous les organes de renseignement et de sécurité du pays. L'existence du MBVD sera rapidement abrégée car vivement contestée par le Parlement et la Cour Constitutionnelle qui lui trouvait une forte ressemblance avec le système centralisateur qui prévalait sous Staline, le VTchK.

Le MIBVD fut donc dissout le 14 janvier 1992 au profit des :

• - Ministerstvo Biezopasnosti (MB), (Ministère de la Sécurité), bati sur les fondements de la Deuxième Direction Principale du KGB. La responsabilité de ce ministère sera confiée à Viktor Barannikov. L'AFB était absorbée par le MB.

• - Sloujba Vnyechnoï Razviedki (SVR), (Service de Renseignements Extérieurs). Dirigé par Evguenyy Primakov, il est actuellement le service d'espionnage extérieur russe.

• - Ministerstvo Vnoutrennykh Dyel' (MVD), (Ministère de l'Intérieur), dont la responsabilité sera confiée à Viktor Erine.

Depuis la fin de l'année 1991, la coopération entre les différents services de renseignement extérieurs des États de la CEI est formalisée par un accord qui prévoit l'échange d'informations. Un accord ultérieur, signé en avril 1992 à Alma Ata, interdit les activités d'espionnage entre les pays membres de la CEI.

Le 21 décembre 1993, le Ministère de la Sécurité russe fut dissout et remplacé par le Federal'naya Sloujba Kontrrazvedki (FSK), (Service Fédéral de Contre- Renseignement). Cette décision était due au fait que le Ministère de la sécurité n'avait pas su avertir Boris Eltsine de la montée du mouvement nationaliste avant les élections du 12 décembre de la même année. Le quartier général du nouveau FSK était situé dans les anciens locaux du KGB de la place Dzerjinski, au 2, utilisa Bolchaya Loubyanka, à Moscou. Chargé du contre-espionnage, de la lutte contre les divers aspects de la grande criminalité et de la lutte anti- terroriste, le FSK sera placé sous la responsabilité du lieutenant-général Vladimovitch Stepachine, le 2 mars 1994 jusqu'à sa transformation en FSB.

Le 3 avril 1995, le FSK est dissout, par un décret de Boris Eltsine, pour être remplacé par le Federal'naya Sloujba Biezopasnosti (FSB), (Service Fédéral de sécurité). La mutation du FSK en FSB correspond à un élargissement de prérogatives. Le FSB utilise toujours les cellules de détention de l'ex-bâtiment principal du KGB et dispose donc de sa propre prison. Stepachine sera limogé en juin 1995, à la suite de la prise d'otages de Boudyennovsk par les terroristes tchétchènes, et remplacé le 24 juillet de la même année par le colonel-général Mikhaïl Barsukov. A son tour, Barsukov sera limogé en juin 1996 et remplacé par Nikolaï Kovalyov. C'est Kovalyov qui sera remplacé par le lieutenant- colonel Vladimir Poutine, qui fera un passage éclair de seulement un mois à la tête du FSB, jusqu'à la nomination de Primakov comme premier ministre.

APPENDICE

La recherche scientifique demeure un élément moteur du développement d'un pays. La science contribue à l'épanouissement de l'homme, ce qu'a toujours désiré Dieu. Dans les Saintes Écritures il y a eu des alliances entre Dieu et les hommes en vue de la recherche pour la prospérité de l'humanité.

Nous avons depuis le début de ce livre examiné des versets de la Bible qui nous ont parlé d'aventures scientifiques.

Importance biblique de la recherche scientifique
- alliance entre Dieu et Israël
  Après avoir traversé la mer, le peuple d'Israël s'est retrouvé dans le désert pendant trois jours. Il n'y avait pas d'eau. Certains étaient malades, d'autres avaient soif à mourir. On trouva de l'eau, mais imbuvable. Alors Dieu montra à Moïse un bois (une plante) qu'il mit dans l'eau. Les malades burent cette eau et furent guéris.

  Il y a eu une alliance à ce moment-là et en ce lieu entre Dieu et le peuple d'Israël. *Exode* 15, 25 : « Moïse cria à l'Éternel ; et l'Éternel lui indiqua un bois, qu'il jeta dans l'eau. Et l'eau devint douce. Ce fut là que l'Éternel donna au peuple des lois et des ordonnances, et ce fut là qu'il le mit à l'épreuve. Il dit : « Si tu écoutes attentivement la voix de l'Éternel, ton Dieu, si tu fais ce qui est droit à ses yeux, si tu prêtes l'oreille à ses commandements, et si tu observes toutes ses lois, je ne te frapperai d'aucune des maladies dont j'ai frappé les Égyptiens ; **car je suis l'Éternel, qui te guérit.** »

Dans cette alliance, Dieu promet la guérison à son peuple à condition qu'il respecte ses enseignements. Ainsi, Dieu donna la connaissance intuitive de ce bois à Moïse. Il utilisa cette plante dans l'eau pour guérir les malades d'Israël.

Dieu n'a pas agi directement pour guérir les malades par un miracle mais a indiqué à Moïse la plante qu'il fallait utiliser.

Lorsque Dieu n'agit pas directement par un miracle, il incite l'homme à la recherche par une conviction qui aboutit souvent à un résultat positif pour l'humanité.

Dans le Nouveau Testament

Le Christ confirma cette alliance dans le Nouveau Testament. Il l'a rendue universelle.

Dans l'*Evangile de Matthieu* 7, 7 à 8, il est écrit: «Demandez, et l'on vous donnera; **cherchez, et vous trouverez**; frappez, et l'on vous ouvrira. Car quiconque demande reçoit, **celui qui cherche trouve…**»

Tout homme qui, poussé par une intuition ou par une curiosité s'investit dans la recherche trouvera la réponse à sa curiosité car Dieu aime la recherche. C'est lui qui incite l'homme à la recherche **pour le développement de l'humanité**. La recherche produit là où le miracle n'agit pas directement.

Exemples de recherches à partir des Saintes Écritures.

LES ÉMISSIONS DE SIGNAUX

À propos d'émission de signaux, un insecte nous a beaucoup intéressés, le criquet. Pourquoi?

D'abord parce qu'en tant qu'aumônier laïc, nous savons que les criquets constituent l'armée de Dieu. Les criquets sont donc une puissante armée. Ensuite nous avons lu dans les Saintes Écritures qu'ils sont sages parmi les sages. Pourquoi cette grande sagesse? *Le Livre des Proverbes,* 30, 27 répond: «Les criquets n'ont point de roi mais sortent en bandes rangées». C'est donc un vol discipliné et rangé.

De la sagesse naît la connaissance scientifique comme le souligne la Bible. La sagesse aussi bien que sa fille vient des connaissances qui ne sont accessibles que par la recherche.

Si les criquets sont sages, c'est parce qu'ils ont une connaissance qui ne nous est pas facilement accessible, celle qui leur permet de se déplacer en bande dans les airs. Au début de notre recherche, nous avons émis cette hypothèse : si les criquets se déplacent par bandes disciplinées et rangées, c'est que probablement leurs antennes ont la capacité d'émettre ou de réceptionner des signaux électromagnétiques. Nous savons que les ondes se propagent toutes à la vitesse de la lumière et que les antennes sont nécessaires à l'émission des signaux électromagnétiques, télévisuels, électriques, et aux radars.

Continuant nos investigations, nous avons essayé d'expliquer la nature de ces signaux. Nous pouvons affirmer que :

- le premier criquet d'une bande émet des ondes, le message est reçu par chaque individu de la bande. Le dernier criquet de la bande transmet le message au premier criquet d'une autre bande qui a la capacité de modifier le message et de le transmettre à sa propre bande. Et ainsi de suite, nous assistons à un déplacement par bandes disciplinées. Avec cette analyse intuitive, nous pouvons affirmer qu'il y a une transmission très rapide de messages par des ondes sonores imperceptibles à l'ouïe.

En nous inspirant du livre d'Asimov, *L'Univers des sciences*, nous sommes arrivés à un autre résultat :

Selon le physicien français Louis Victor de Broglie, la lumière peut dans certains cas, présenter des caractéristiques corpusculaires, les particules de matières, des électrons par exemples peuvent présenter des caractéristiques ondulatoires. Aussi, nous osons affirmer que les criquets émettent à partir de leurs antennes des ondes lumineuses ou des rayons X à la façon de la lumière électrique dans l'obscurité. Cette onde lumineuse est imperceptible à l'œil nu. Les antennes des criquets jouent certainement le même rôle que les antennes téléphoniques, radars, télévisuels, radiophoniques. Ce qui leur permet d'avoir une communication puissante et efficace. Chaque bande est ou a un réseau de communication, mais aussi la capacité de communiquer avec une autre bande.

Pourquoi vont-ils vers les plantes ?

Le bilan de la photosynthèse semble nous donner la réponse.

En effet, l'effet piège de la photosynthèse consiste à la capture temporaire de l'énergie lumineuse grâce aux réactions lumineuses (sous forme de molécules chimiques et hautement énergétiques ATP et NADPH), puis en sa fixation permanente sous forme de glucides (glucose en particulier) grâce aux réactions observées.

Les glucides élaborés par la photosynthèse ont plusieurs devenirs.

Ils peuvent, d'une part, être transportés dans la plante et utilisés comme source d'énergie dans divers processus métaboliques. D'autre part, ils peuvent être stockés, dans le chloroplaste, sous forme d'une macro, l'amidon, qui constitue la réserve énergétique végétale. Les criquets vont vers les plantes vertes à cause de la grande production énergétique. C'est une source d'énergie utile à leur communication. Cette énergie agit certainement dans le même principe que la pile électrique.

Dans le principe de la pile électrique, une énergie potentielle chimique est convertie en mouvement d'électrons, c'est-à-dire en courant électrique.

Du point de vue microscopique, l'énergie électrique provient des mouvements des électrons dans le milieu conducteur, donc de leur énergie cinétique. L'énergie obtenue peut elle-même être transformée en mouvement ou en travail dans les moteurs et les appareils électriques.

Dans le cas du criquet, elle semble être transformée en travail et en mouvement.

Du point de vue de la physique quantique, le rayonnement solaire absorbé est emmagasiné par la matière. Cette énergie est la somme de l'énergie des photons qui constitue le rayonnement. Elle peut être restituée à l'environnement sous forme de lumière ou de chaleur.

Le criquet utilise la somme de l'énergie des photons dans la matière pour émettre des ondes.

AUTRES RECHERCHES

Le stylisme et le modélisme

Lorsque nous observons attentivement le criquet, nous voyons qu'il est «habillé» d'un type de veste avec des cols originaux. Nous remarquons aussi une certaine broderie sur son habillement. Nous savons enfin qu'ils apparaissent dans les saisons sèches : cela peut inspirer les créateurs à imaginer des vêtements adaptés au climat sec.

Par observation de certains animaux, l'on peut créer des modèles de vêtements et d'automobiles. Il suffit d'être attentif et d'avoir de l'imagination créatrice. Nous l'avons déjà dit, selon les Saintes Écritures, il existe des modèles de vêtements dans la végétation. Avec un peu d'imagination créatrice, l'on inventera des tenues originales et adaptables. L'Italie est puissante et reconnue dans ce domaine.

Les mathématiques : un outil de puissance

Les mathématiques ont un grand pouvoir lorsqu'elles sont opérationnelles. Elles permettent à l'individu, à l'entreprise aussi bien qu'à la nation, de planifier rigoureusement leurs buts et objectifs.

Dans plusieurs chapitres des Saintes Écritures, nous remarquons comment les objectifs ont souvent été planifiés. Dans ces plans, les nombres utilisés sont souvent les numéraux cardinaux. Les calendriers, quant à eux, attirent l'attention sur les jours. Tout ceci permet une puissance et une efficacité dans ce qui est entrepris.

Deux faits nous ont permis d'examiner la puissance opérationnelle des mathématiques.

Dans le *Livre de la Genèse*, nous voyons comment Dieu a atteint son but dans la création du monde. Nous remarquons que chaque jour est identifié par un numéral cardinal et par un objectif précis. Même le jour du repos, le septième jour en faisait partie. Dieu a donc atteint son but de créer le monde en six jours et de se reposer le septième jour.

Chaque événement est identifié par un numéral cardinal : ce qui nous fait penser aux fonctions numériques (suites numériques). Nous observons ainsi à quel point les mathématiques sont importantes. Elles sont un outil puissant lorsqu'une entreprise, une nation abordent quantitativement ses plans ou stratégies. Cela permet une précision dans les objectifs que l'entreprise ou l'État veulent atteindre.

Le deuxième fait est une histoire banale de la vie de Jésus. Il s'agit de sa rencontre avec Nathanaël avant les noces de Cana. Nous vous invitons à lire l'*Evangile de Jean*, 2, 1-11 : « Philippe était de Bethsaïda, de la ville d'André et de Pierre.

Philippe rencontra Nathanaël, et lui dit : Nous avons trouvé celui de qui Moïse a écrit dans la loi et dont les prophètes ont parlé, Jésus de Nazareth, fils de Joseph.

Nathanaël lui dit : Peut-il venir de Nazareth quelque chose de bon ? Philippe lui répondit : Viens, et vois.

Jésus, voyant venir à lui Nathanaël, dit de lui : Voici vraiment un Israélite, dans lequel il n'y a point de fraude.

D'où me connais-tu ? lui dit Nathanaël. Jésus lui répondit : Avant que Philippe t'appelât, quand tu étais sous le figuier, je t'ai vu.

Nathanaël répondit et lui dit : Rabbi, tu es le Fils de Dieu, tu es le roi d'Israël.

Jésus lui répondit : Parce que je t'ai dit que je t'ai vu sous le figuier, tu crois ; tu verras de plus grandes choses que celles-ci.

Et il lui dit : En vérité, en vérité, vous verrez désormais le ciel ouvert et les anges de Dieu monter et descendre sur le Fils de l'homme. »

Jean 2, 1 : Trois jours après, il y eut des noces à Cana en Galilée. La mère de Jésus était là,

et Jésus fut aussi invité aux noces avec ses disciples.

Le vin ayant manqué, la mère de Jésus lui dit : Ils n'ont plus de vin.

Jésus lui répondit : Femme, qu'y a-t-il entre moi et toi ? Mon heure n'est pas encore venue.

Sa mère dit aux serviteurs : Faites ce qu'il vous dira.

Or, il y avait là six vases de pierre, destinés aux purifications des Juifs, et contenant chacun deux ou trois mesures.

Jésus leur dit : Remplissez d'eau ces vases. Et ils les remplirent jusqu'au bord.

Puisez maintenant, leur dit-il, et portez-en à l'ordonnateur du repas. Et ils en portèrent.

Quand l'ordonnateur du repas eut goûté l'eau changée en vin, – ne sachant d'où venait ce vin, tandis que les serviteurs, qui avaient puisé l'eau, le savaient bien, – il appela l'époux, et lui dit : Tout homme sert d'abord le bon vin, puis le moins bon après qu'on s'est enivré ; toi, tu as gardé le bon vin jusqu'à présent.

Tel fut, à Cana en Galilée, le premier des miracles que fit Jésus. Il manifesta sa gloire, et ses disciples crurent en lui. »

Dans ce texte nous insisterons sur le dialogue entre Jésus et Nathanaël mais aussi entre Jésus et sa mère. Par interprétation, nous essaierons de dégager l'utilité pratique des mathématiques.

Nathanaël a été émerveillé dans sa rencontre avec Jésus. Celui-ci sans l'avoir vu auparavant, lui a signifié ses origines et le lieu, sous le figuier, où il était avant leur rencontre. Nathanaël a reconnu alors que Jésus était vraiment le fils de Dieu. Jésus lui a dit alors qu'il verrait à partir de ce moment des choses plus extraordinaires.

Le troisième jour après cette déclaration, il transforma l'eau en vin : c'était lors des noces de Cana. Il fit ce miracle devant ses disciples, dont Nathanaël, comme il avait dit.

Mais ce troisième jour, il ne fit pas ce miracle à n'importe quelle heure. C'est pour cette raison qu'il répondit à sa mère que son heure n'était pas encore arrivée. Il fit ce miracle à l'heure précise qu'il fallait.

Nous pensons que ce miracle comme la plupart des actions de Jésus a été quantitativement programmé ou planifié. D'où l'importance des mathématiques opérationnelles. Ce miracle devait être fait le troisième jour à partir de sa déclaration aux disciples et à une heure précise. Cette manière de procéder est très importante pour les services de sécurité ou d'espionnage où l'on a besoin d'atteindre des objectifs à des moments précis.

Ces deux exemples bibliques nous permettent de comprendre comment les mathématiques jouent un rôle important dans la puissance d'un pays.

La musique : un instrument de puissance

L'Épître aux Éphésiens, dans son chapitre 5, résume le rôle de la musique dans une nation. Le verset 15 du chapitre 5 nous dit ceci : « Encouragez-vous les uns les autres par des psaumes, des hymnes et des chants inspirés ; chantez et célébrez le Seigneur de tout votre cœur. »

La musique sert au croyant à célébrer Dieu, mais aussi à se donner le courage, se motiver etc.

Comment la musique est-elle une source de puissance pour une nation ?

Les instruments de musique

Les Saintes Écritures nous disent que le roi David a choisi 288 experts instruits dans l'art de chanter et prophétiser avec des harpes, des luths et des cymbales. Ces prophètes ou chantres ou encore poètes étaient des professionnels de la musique et ils étaient mis à part, ce qui signifie qu'ils avaient une bonne morale, car ils étaient pour la plupart des lévites, c'est-à-dire des prêtres, leurs chants étaient inspirés, ils chantaient pour le roi et aussi pour le peuple.

Les Saintes Écritures déclarent que quatre mille personnes louaient Dieu avec des instruments.

Nous ne saurons pas exactement comment cela se passait. Mais imaginons un instant des centaines de personnes émettant des chants poétiques accompagnés par les lyres et les cymbales pour adorer.

C'est tout simplement glorieux, extraordinaire. Ces chantres savaient chanter mais avaient aussi l'art de faire résonner les instruments. Et souvent, c'étaient la harpe, le luth et les cymbales Cette époque semble être à l' origine de l'époque classique ou même moderne. L'époque classique nous a fait connaître de célèbres chantres tels qu'Haendel, Mozart, Beethoven.

Ces personnes étaient considérées comme des génies même mystiques à cause de leur inspiration. Ils ont fait chanter les instruments. Tous ceux qui écoutaient cette musique avaient de l'admiration pour ces personnes et ils recherchaient avec beaucoup d'imagination le message véhiculé par les instruments.

Le fait de chercher à comprendre ces messages a développé chez les Européens l'esprit de recherche, d'imagination, en un mot le développement de leur intelligence. Il en est de même pour une musique telle que le jazz où les instruments semblent échanger tour à tour des messages. Cela est dû au professionnalisme des musiciens. Une musique de haut niveau mène une nation vers l'excellence.

Les paroles d'une musique

Les paroles des chants sont aussi importantes. Pourquoi? Les Saintes Écritures nous répondent que «la foi vient de ce qu'on entend et ce qu'on entend vient de la parole de Dieu[1]». Les chants inspirés ont la capacité de nous donner l'équilibre, de nous motiver, de nous permettre de vivre dans l'amour. Nous nous souvenons des griots et chansonniers qui, avec la Kora ou leurs percussions, apportaient à travers des proverbes soulagement et motivation aux peuples. Plusieurs artistes ont suivi les traces de ces chantres. C'est le cas de Julio Iglesias et de Bob Marley, pour ne citer qu'eux: par leur chant, ils ont redonné la stabilité à des foyers, permis l'indépendance de pays et la puissance de nations. La musique influence quotidiennement chaque individu. Une musique excellente influence excellemment chaque individu. Les individus ainsi touchés constituent une nation forte, une nation puissante.

---

1 *Rom* **10:17**

CONCLUSION GÉNÉRALE

L'amour que Dieu porte à l'humanité est sage
et profond. Il évite à l'humanité de périr. C'est
ce principe qui habite tout projet de développement.
La puissance d'un État se mesure dans sa
capacité à faire avancer le monde dans la paix.
Car les Saintes Écritures disent : « Heureux ceux
qui sèment la paix car ils seront appelés fils de
Dieu. »

BIBLIOGRAPHIE

- **Ouvrages**
  - *La Sainte Bible*
  - AZIMOV : *Univers des sciences*

- **Sites internet**
  - http ://www.ipolitique.fr/ideologies-politiques.htm
  - http ://www.seconde-guerre.com/biographies/
  biographie-n-himmler.html